10분 완성!
에듀테크 활용 역사수업
History Class Using EDUTECH

김영배 저

선택이 아닌
필수로 다가온
에듀테크!!!

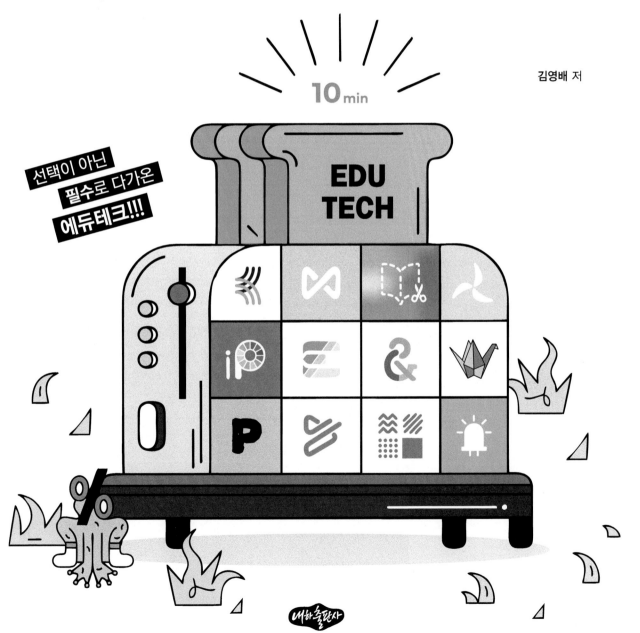

10 min

EDU TECH

내하출판사

머리말 ─────────────────────────────

에듀테크(edutech)란 교육과 기술의 합성어로, 교육부에서는 '교육 효과를 높이기 위해 가상·증강현실·인공지능·빅데이터 등 신기술을 콘텐츠·솔루션·시스템 등에 접목한 제품과 서비스'라고 규정하고 있습니다. 그러나 우리 사회에서는 보다 광범위한 의미로 사용되어, 교수·학습의 효과를 향상시키고 학생에게 새로운 학습경험을 제공하는 모든 혁신 분야를 일컫습니다.

"이미 다가온 변화"

2019년 세계를 강타한 코로나(Covid-19) 팬데믹은 우리 삶에 많은 변화를 가져왔습니다. 교육계 역시 팬데믹의 영향을 혹독하게 받으며 단기간에 디지털 교육으로 전환해야 하는 몸살을 앓았습니다. 위드코로나 시대로 접어든 지금이지만 우리 사회는 앞으로 팬데믹이 종식된다 하더라도 이전의 삶의 양식으로 돌아가지는 않을 것 같습니다. 오히려 첨단 기술 기반의 디지털 전환이 보다 가속화될 것으로 보입니다.

코로나 시대에 경험한 교실속 디지털 기술들은 이제 사회적 거리두기를 극복하기 위한 임시방편의 도구가 아니라 교육 효과를 증진시키기 위한 필수 기반으로 자리잡고 있습니다. 이는 4차 산업 혁명의 정보통신 기술 발달, 스마트 기기의 급속한 확산과 맞물려 교육 분야 전체에 거대하고 새로운 패러다임의 변화를 가져오고 있습니다.

교육 환경의 변화는 어느 때나 있어 왔던 것이지만, 근래의 변화는 이전과는 차원이 다르게 빠르고 광범위하다는 점에 차이가 있습니다. 과학 기술은 급속도로 진보하고 있고, 이를 교육에 적용한 에듀테크는 끊임없이 쏟아져 나오고 있으며 계속 변화하고 발전하는 중입니다. 이제 교육 현장에서 '에듀테크'는 선택이 아닌 필수적인 교육 방식으로 자리잡고 있습니다.

"에듀테크는 만능이 아니다"

이렇듯 오늘날 학교 현장은 에듀테크를 활용할 수 밖에 없는 혹은 활용해야만 하는 상황에 놓여 있습니다. 교육부나 교육청의 정책에서는 수업에 에듀테크를 반드시 활용해야 하는 것으로 촉구하는 듯한 분위기마저 감지됩니다.

그럼에도 불구하고 교수·학습의 본질은 '기술'이 아니라 교과 내용이 되어야 합니다. 수업에 새로운 기술(tech)을 사용하는 것에 집중하다 보면, 자칫 새로운 기술을 왜 도입하려는 것인지에 대한 본질적 의미를 망각하고 '기술' 자체에 심취할 수 있는 위험성이 있습니다. 에듀테크 활용 교육은 만능이 될 수 없으며, 에듀테크는 교육 본연의 목적을 위한 도구로써 사용되어야 합니다.

많은 선생님이 에듀테크의 홍수속에 새로운 프로그램을 배우고 익히는데 시간과 비용, 노력을 기울이고 있습니다. 또 에듀테크의 사용 자체가 '선'으로 여겨지는 상황에서 일부 교실에서는 수업 내용보다는 수업에 에듀테크를 활용하는 것이 중심이 되는 본말전도의 상황이 연출되는 모습도 보입니다.

수업에 있어 선택이 아닌 필수로 다가온 에듀테크, 그러나 역사교육의 본질을 잃지 않은 역사수업의 실천은 어떻게 가능할까? 기술의 최신성·전문성에 의존하는 기술만능주의적 방법론에 종속되지 않고 교육의 도구로써 에듀테크의 올바르고 바람직한 활용법은 무엇일까? 이 책은 이러한 고민에서 출발했습니다.

"그렇다면 스말로그 교육?"

　이 책은 '역사수업에서 교사의 교수역량을 강화하고 학생의 학업성취를 지원하기 위해, 에듀테크를 어떻게 활용할 수 있을까?' 라는 질문에 대한 방향을 제시하고자 했습니다.

　교사는 현재 주목받고 있는 여러 에듀테크의 전문적인 사용자가 될 필요는 없습니다. 이는 기술의 짧은 생애주기를 고려하면 더욱 그렇습니다. 그렇지만 각 에듀테크가 가진 장점과 핵심적인 기능들을 수업에 도입하면 전통적 교육방법의 한계를 넘어서는 교육적 효과를 기대할 수 있습니다.

　이러한 측면에서 이 책은 역사수업의 다양한 장면에서 활용할 수 있는 에듀테크를 소개하고, 이러한 에듀테크들이 수업에서 어떻게 사용될 수 있는지를 실제 수업 과정으로 예시하였습니다. 이로써 교사가 자신의 교과 전문성을 바탕으로 필요한 기술을 취사 선택하여 사용하는 능동적 교수 설계의 방향을 모색해 보았습니다. 또, 각 에듀테크들의 전문적 활용법보다는 간단한 핵심 사용법을 제시함으로써 에듀테크가 여전히 낯설고 적응이 힘든 선생님도 유용하게 활용할 수 있도록 구성하였습니다. 기술에 매몰되지 않는 본연의 역사수업을 고민하고 있거나 혹은 기술에 대한 접근성이 떨어져 에듀테크 활용 수업을 주저하고 계신 선생님들께 유용하고 효과적인 참고가 되기를 바랍니다.

스말로그는 Smart와 Analogue가 결합된 신조어로 디지털 기반의 스마트 교육과 전통의 대면방식 아날로그 교육의 결합을 의미합니다. AI를 비롯한 신기술의 가능성이 주목받는 가운데 교육에 있어 명확한 한계도 드러나고 있는 상황에서, '인간'으로서 교사의 역량과 역할에 대한 새로온 논의입니다.

디지털 대전환이라는 격동의 변화 속에서 우리는 역사수업에서 기술로 무엇을 할 수 있을까요? 그 고민을 함께 하고 싶습니다.

2023년 8월
맑은 날, 햇살받으며 김 영 배

차 례

제3장 × 만들다

제4장 × 사용하다

제1장

생각하다.

01.

 할로 에이알

✕

역사가
내 눈 앞에 펼쳐지다.

1. '할로 에이알(Halo AR)'이란?

증강현실은(AR)은 우리의 눈에 보이는 현실 세계에 3차원 가상 물체를 겹쳐 보여주는 기술이다. '현실세계+가상세계'로 부가정보를 제공하는 것인데, 예를들어 박물관에서 스마트폰 카메라로 빗살무늬토기를 비추면 스마트폰 안에서는 빗살무늬토기에 대한 설명글이 실제 빗살무늬토기의 이미지와 겹쳐서 나타나도록 하는 것이다.

Halo AR은 증강현실을 매우 간단하게 제작할 수 있는 도구이다. 교사는 현실 세계에 가상 환경(학습 내용)을 덧입혀 제공함으로써 몰입감 높은 역사수업을 진행할 수 있다.

증강현실(AR) 활용 사례

출처 : 한국전자통신연구원(www.etri.re.kr)

출처 : 교육부 정책브리핑(www.korea.kr)

2. 할로 에이알(Halo AR)로 수업하기

2.1. 수업 적용 분야

Halo AR은 마커리스 기반의 증강현실이므로 별도의 마커가 필요하지 않아 편리하며, 스마트폰(태블릿) 하나만으로 수업을 진행할 수 있다. 실제 이미지에 합성할 가상 정보는 텍스트와 이미지, 동영상 모두 가능하다. 또, 교실 뿐 아니라 다양한 공간(교내 모든 공간, 교외 체험 학습 공간 등 어디나)에서 두루 활용할 수 있다. 따라서 역사 교육과정의 거의 모든 내용을 다룰 수 있으면서도 공간적 제약없이 사용할 수 있다.

2.2. 수업 사례

〈AR을 통해 알아보는 고려의 건국과 정치 변화〉

수업 개요

보물찾기 게임의 형식에 AR을 적용한 수업이다. 교사는 수업 전에 교실 내 여러 사물을 선택하여 증강현실로 퀴즈를 숨긴다. 수업이 시작되면 학생들은 개별 탐구 활동을 하며 학습지를 작성한다. 학습지를 완성한 학생은 교사로부터 퀴즈가 숨겨진 사물을 찾을 수 있는 힌트를 제공받게 되며, 이제 숨겨진 퀴즈를 찾아 추리하고 탐험하며 새로운 과제를 해결해 나가게 된다.

수업의 흐름	
도입	AR이란? (들어봤니? '포켓몬 고')
활동(1)	개별 탐구 활동
활동(2)	퀴즈를 찾아 미션 수행하기(Halo AR)
정리	교사의 내용 정리

도입

▶ 들어봤니? '포켓몬 고' : '포켓몬 고' 게임의 한 장면을 보여주면서 AR(증강현실)이 무엇인지 간단히 소개한다.

사진 출처 : 포켓몬 고(www.pokemonkorea.co.kr/go)

▶ AR을 활용하는 본시 수업의 진행 과정과 방법을 안내한다.

수업의 진행 과정

[단계 1] 학생은 학습지에 제시된 과제를 교과서를 통해 해결하고 학습지를 작성

[단계 2] 학습지를 완성한 학생에게 교사는 숨겨진 트리거(trigger)를 찾을 수 있는 힌트 제공

[단계 3] 학생은 스마트폰(태블릿)을 활용하여 숨겨진 트리거를 찾아 퀴즈를 확인

[단계 4] 찾은 퀴즈는 다시 교과서를 통해 스스로 해결하고 학습지를 완성

※ 트리거(trigger)란? – 증강현실이라는 이벤트를 발생시킬 수 있도록 사전에 등록한 객체를 의미한다. 즉, 교사가 교실 내에 특정 사물을 '트리거'로 지정해 놓았을 경우 학생이 해당 사물을 스캔하면 휴대폰 화면에 증강현실이 결합되어 나타나게 된다.

전개

활동(1) : [개별 탐구] – 고려의 건국과 정치 변화

▶ 교사는 학생들에게 학습지를 나누어 준다. 학생들은 활동(1)에 제시되어 있는 문제를 교과서를 통해 스스로 해결하면서 학습지를 작성한다.

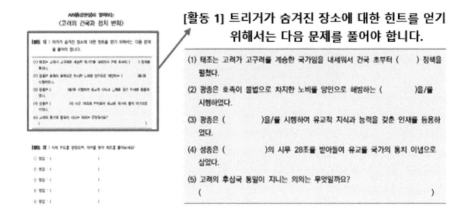

[활동 1] 트리거가 숨겨진 장소에 대한 힌트를 얻기 위해서는 다음 문제를 풀어야 합니다.

(1) 태조는 고려가 고구려를 계승한 국가임을 내세워서 건국 초부터 (   ) 정책을 펼쳤다.

(2) 광종은 호족이 불법으로 차지한 노비를 양인으로 해방하는 (   )을/를 시행하였다.

(3) 광종은 (   )을/를 시행하여 유교적 지식과 능력을 갖춘 인재를 등용하였다.

(4) 성종은 (   )의 시무 28조를 받아들여 유교를 국가의 통치 이념으로 삼았다.

(5) 고려의 후삼국 통일이 지니는 의의는 무엇일까요?

(   )

▶ 활동(1)의 문제를 해결한 학생은 교사에게 정답 확인을 받은 후, 활동(2)를 위해 숨겨진 트리거를 찾을 수 있는 힌트를 제공받는다.

활동(2) : [AR 활용] – 숨겨진 퀴즈를 찾아 과제를 해결하기

▶ 학생은 교실에 부착된(또는 전송받은) QR 코드를 스캔하여 Halo AR을 실행한 후, 교실 곳곳을 탐험하며 숨겨진 트리거를 찾는다.

참고

보물 찾기' 형식이 아닌, 다양한 형태로 수업을 진행할 수 있다.

예) '가락바퀴' 사진 제시 ➡ 유물 명칭과 용도를 추측해서 써보기 ➡ 할로 AR을 통해 정보 제공 ➡ 정보를 확인하여 학습지 완성

▶ 트리거를 찾은 학생은 AR로 나타난 퀴즈의 내용을 확인하고, 정답을 교과서에서 찾아 학습지를 완성한다.

TEACHING TIP

◆ 트리거를 통해 찾은 AR에는 정답이 아닌 새로운 퀴즈가 나타나게 된다. 따라서 학생들은 다시 교과서를 통해 퀴즈를 해결해야 한다. 이러한 과정을 통해서 학생들은 수업 내용에 보다 집중할 수 있게 된다.

◆ 트리거를 발견하여 퀴즈의 내용을 확인하였지만, 퀴즈 해결에 어려움을 겪는 학생이 있을 수 있다. 교사는 해당 학생에게 정보를 찾을 수 있는 교과서의 페이지를 안내하여 도움을 줄 수 있다.

| 정리 |

▶ 수업의 주요 내용을 교사가 요약·정리하여 제시한다.

3. 할로 에이알(Halo AR) 더⁺ 활용하기

● Halo AR 활용 수업을 위해서는 학생들이 개별적으로 스마트폰(태블릿)을 소지하고 있어야 한다. 학생들은 곳곳에 숨겨진 트리거를 찾기 위해 교실 여기저기를 찾아다녀야 한다. 따라서 휴대가 다소 불편한 태블릿보다는 스마트폰을 사용하는 것이 보다 편리하다. 그러나 스마트폰을 갖고 있지 않은 학생도 있으므로, 이들에게는 학교 태블릿을 대여하는 등의 배려가 필요하다.

● 퀴즈를 숨겨놓을 트리거는 변형되지 않고 위치가 고정된 물체여야 한다. 교사는 AR 이벤트(수업내용)를 숨겨놓을 사물을 촬영하여 트리거로 지정하게 되는데, 학생이 스캔할 때 사물이 촬영된 사진과 다른 모습(위치)일 경우에는 인식하지 못하여 증강현실 이벤트가 발생하지 않게 된다.

● 트리거로 사용할 사물은 명확하고 구체적인 모습으로 촬영하여야 학생들이 스캔할 때 인식이 잘 된다.

● Halo AR 활용 수업은 각 교실보다는 교과교실과 같이 사전에 지정된 한 공간에서 진행하는 것이 좋다. 교사는 수업 전에 트리거를 지정해 놓아야 하는데, 각 교실에서 진행할 경우 교실마다 트리거를 따로따로 지정해야 하는 번거로움이 발생하게 된다. 따라서 한 장소에 트리거를 지정해 놓고 그 장소에서 수업을 진행하는 것이 편리하다.

● 여기에서 사례로 소개한 수업은 '보물찾기의 현대화 버전'으로 교실 뿐 아니라 학교의 다른 공간 또는 박물관이나 유적지와 같은 현장 체험학습에서도 유용하게 활용할 수 있다.

4. 할로 에이알(Halo AR) 쉽게 사용하기

▶ [교사] AR 제작 과정

① [로그인] Halo AR 앱을 설치하여 실행한 후 'GET STARTED'를 터치하여 로그인한다. 구글 계정이 있다면 간단하게 가입할 수 있다.

② 첫 실행화면에서 'Profile'을 터치한다.

③ [과제 만들기] 새로운 컬렉션(수업 진행할 퀴즈)을 만들기 위해 'Create Collection'을 터치한다.

④ [환경 설정] 'Name'(수업 이름)을 작성한다. 'Description'에는 수업 소개글을 넣을 수 있지만, 옵션 사항이므로 작성하지 않아도 무방하다. 다음으로 수업을 위해서는 학생들과 공유해야 하기 때문에 'Public'을 터치한다. 또한 퀴즈 형태로 과제를 제시할 것이기 때문에 학생들이 세부 내용을 알 수 없도록 'Hide details'를 체크해 준다. 마지막으로 컬렉션 생성을 위해 'Done'을 터치한다.

'Name' ➡ 'Description'(생략가능) ➡ 'Public' ➡ 'Hide details' ➡ 'Done'

⑤ [트리거 삽입] 그림과 같이 새로운 Collection(수업)이 생성되었다. 이제 '+'를 터치하여 트리거를
만든다.

⑥ [유형 선택] 트리거로는 이미지, 동영상, 텍스트 등 여러 가지 형태를 넣을 수 있다. 이번에는 교실 내 다양한 사물에 퀴즈를 숨겨놓기 위해 이미지를 선택한다.

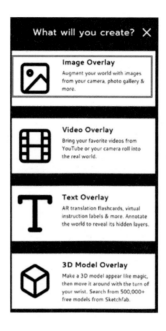

⑦ [트리거 촬영] 이제 교실 내에 퀴즈를 숨기고 싶은 사물을 선택하여 사진을 촬영한다. 나중에 수업 시 학생들이 해당 사물을 스캔하면 교사가 만든 AR 이벤트가 등장하게 된다.

⑧ [AR 이벤트 삽입] 촬영된 이미지(트리거)를 스캔했을 때 나타나게 될 AR 이벤트를 삽입한다. 텍
스트, 이미지, 영상 등을 넣을 수 있다. 이번에는 퀴즈 형태의 수업을 위해서 텍스트를 선택하여
입력한다.

⑨ [저장하기] 'Name'에는 문제 1(문제 이름)이라고 쓰고, 트리거인 꽃을 스캔했을 때 등장하게 될 AR 이벤트인 'Overlay'에는 학생들이 풀어야 할 퀴즈를 입력한다. 모두 입력했으면 'SAVE'를 터치하여 저장한다.

⑩ 이와 같은 방식으로 숨기고자 하는 퀴즈의 개수만큼 트리거를 만들고 AR 이벤트를 삽입해 준다.

⑪ [공유하기] 이제 마지막 과정이다. 제작한 'Collection'(수업 과제)을 학생들이 사용할 수 있도록 공유한다. 여기에서는 QR 코드를 선택했는데, 해당 메뉴를 터치하면 그림과 같이 QR 코드가 생성된다.

> **❗참고**
> 생성한 QR 코드는 인쇄하여 교실 벽면에 부착하거나, SNS 전송을 통해 학생들에게 전달할 수 있다.

▶ [학생] AR 활용 수업 참여 방법

- 교사가 'Collection'을 만들어 놓으면, 학생은 수업에 매우 쉽게 참여할 수 있다. 즉, 학생은 교실에 부착된(혹은 SNS로 전송된) QR 코드를 스캔함으로써 수업에 바로 참여할 수 있다.

- 학생이 사용하는 기기에 Halo AR 앱이 설치만 되어 있으면, 별도의 회원 가입이나 로그인이 필요하지 않다. 이제 학생은 교실내 숨겨진 트리거를 찾아 퀴즈 해결에 나서게 된다.

02.

대한민국 신문 아카이브

×

역사를 읽는 눈을 갖다.

지식전달 ✓   발표 ✓   활용분야   협력 ✓   토의·토론 ✓   평가

1. '대한민국 신문 아카이브'란?

대한민국 신문 아카이브는 국립중앙도서관에서 운영하는 신문 기사 검색 서비스이다. 구한말 근대시대 태동기(한성순보 발간)부터 미군정기, 한국전쟁 등으로 이어지는 1883년 ~1960년까지의 한국 근·현대 정치/경제/사회/문화를 다룬 신문 기사와 색인을 구축하여 제공하고 있다. 고신문은 현재 99종이 디지털화되어 있어 기사 검색과 다운로드가 가능하다. 또한 '디지털 컬렉션'에서는 시대별(대한제국/일제강점기/군정기/대한민국), 주제별(독도/독립/전쟁/선거/한글/감염병/자연재해 등) 자료를 제공하고 있다.

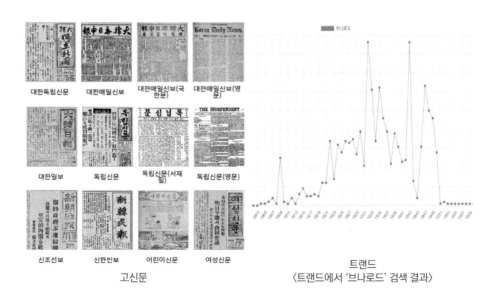

대한독립신문   대한매일신보   대한매일신보(국한문)   대한매일신보(영문)

대한일보   독립신문   독립신문(서재필)   독립신문(영문)

신조선보   신한민보   어린이신문   여성신문

고신문

트랜드
〈트랜드에서 '브나로드' 검색 결과〉

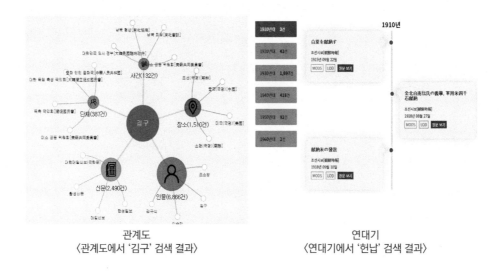

관계도
〈관계도에서 '김구' 검색 결과〉

연대기
〈연대기에서 '헌납' 검색 결과〉

2. 대한민국 신문 아카이브로 수업하기

2.1. 수업 적용 분야

신문 기사는 당대의 중요한 역사적 사실을 담고 있는 1차 사료이다. 또한 기사를 통해 사건과 그에 대한 당시 사람들의 인식을 알 수 있고, 신문에 담겨 있는 사진/광고/연재소설 등을 통해 사회·문화적 측면까지 파악할 수 있다. 즉, 굵직한 역사적 사건 뿐 아니라 미시사 측면에서 삶의 파노라마를 들여다볼 수 있다. 따라서 학생들은 역사의 현장으로 들어가 과거 사람들의 생각과 모습을 체험함으로써 생생한 현장감을 느끼게 된다. 대한민국 신문 아카이브를 활용한 수업은 교과서의 내용을 보충·심화하거나 학생들의 역사 의식과 역사적 사고력을 신장시키는데 효과적이다.

2.2. 수업 사례

〈신문 광고를 통해 알아보는 일제 강점기의 사회 모습〉

수업 개요

신문 기사는 1차 사료로 학생들에게 역사적 지식과 정보를 제공할 뿐만 아니라 자료 속에 담긴 의미를 분석할 수 있는 기회를 제공해 준다. 따라서 이번에 소개할 수업에서는 수업 주제에 대해 학생들이 당시의 신문 기사를 검색하고 스크랩하는 활동을 통해 당대의 시대상을 총체적으로 파악해 보도록 하였다. 더불어 역사가의 입장에서 사료로서의 신문을 탐구하고 의미를 분석할 수 있는 기회를 제공하고자 하였다.

수업의 흐름	
도입	모리나카 카라멜 광고를 통한 동기 유발
활동(1)	모둠별 신문광고 탐색 및 스크랩
활동(2)	성과물(스크랩) 정리 및 패들렛 게시
정리	모둠별 성과물 발표

수업의 실제

도입

▶ 오늘날에도 판매되고 있는 일본의 모리나가 캐러멜을 보여주면서 학생들의 관심을 환기한 후, 1930년대 조선일보의 모리나가 캐러멜 광고를 제시한다.

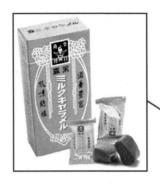 

(일제강점기 조선일보 광고)

TEACHING TIP

상품과 전혀 무관한 그림이 광고의 삽화로 사용된 이유는 무엇인지 시대적 배경과 연관지어 생각해 보도록 하고, 광고에 담긴 숨긴 의도를 추측해 보도록 한다.

▶ 당시의 신문 광고를 추가로 제시하면서 수업에 대한 학생들의 흥미와 기대를 높인다.

전개

(1) 모둠 활동(1) : 모둠별 신문광고 탐색 및 스크랩

▶ 각 모둠별로 신문사와 시기를 정하여 신문 스크랩 활동을 한다.

● 교과서의 내용을 바탕으로 관심 주제를 신문사별, 일자별로 검색한다.

! 참고 ❶

학교급에 따라 학생 수준을 고려하여 활동 내용을 조절할 수 있다.
◆ 중학교 : 광고나 삽화 등 '이미지 자료'를 중심으로 스크랩 및 분석하기
◆ 고등학교 : 기사 제목과 내용 등 '텍스트 자료'를 중심으로 스크랩 및 분석하기

! 참고 ❷

수업 주제의 난이도나 학생들의 수준에 따라 다음과 같은 활동지를 제공하여 학생들의 스크랩 및 기사 분석 활동을 조력할 수도 있다.

신문광고를 통해 알아보는 일제강점기의 사회 모습

신문명		발행일	
무슨 광고인가요?			
이 광고의 제목을 붙여본다면?			
이 광고가 등장하게 된 이유는 무엇일까요?			
이 광고를 통해 알 수 있는 당시의 사회모습(가치관)은 무엇인가요?			

TEACHING TIP

고신문은 체계와 형식, 내용의 측면에서 오늘날과 다른 점이 많다. 따라서 학생들의 신문 탐색 과정에서 교사의 세심한 안내와 지도가 필수적이다.

〈교사 지도 활동 예시〉
① 학습내용과 관련된 주요 키워드(예:회사령, 내선일체, 징용, 유신)를 제공하여 학생들의 탐색을 조력하기
② 학습자의 수준을 고려하여 교사가 사전에 주제에 적합한 신문 기사를 발췌하고 취합하여 제공하기
③ 탐구할 주제에 해당하는 키워드를 보다 쉽게 찾을 수 있도록 신문사명과 구체적인 해당 날짜를 알려주기(예를 들어 을사늑약 체결일, 중일전쟁 발발일 등의 날짜를 알려주어서 기사 탐색을 보다 효율적으로 할 수 있게 도울 수 있다)

● 교과서의 서술 내용이 당시 신문에서는 어떻게 보도되고 있었는지, 신문 기사를 찾아보고 탐구한다.
● 신문 광고나 삽화 등은 게재된 시기를 고려하면서 당시의 생활상 또는 사건에 대한 인식을 파악해 보도록 하고, 그 속에 담긴 의도와 의미 등을 추론한다.

TEACHING TIP

◆ 신문에 사용되는 한자(또는 전문용어)는 미리 보충 설명하거나, 교사가 모둠별로 순회하면서 알기 쉽게 풀어주어야 한다.

◆ 당시 사회 모습을 읽어낼 수 있는 헤드라인, 삽화, 광고 등을 찾아보도록 한다.

◆ '이 기사(광고)가 등장하게 된 이유는?', '이 기사(광고)가 등장한 시기에 어떤 일이 일어나고 있었을까?'와 같은 확산적 질문을 통해 학생의 사고를 촉진시킬 수 있다.

◆ 각 기사 또는 광고가 게재된 지면의 크기나 문구 등을 통해 기사의 이면에 담긴 의도를 추측해 보도록 한다.

(2) 모둠 활동(2) : 모둠별 스크랩 결과물을 정리하고 패들렛에 게시

▶ 모둠별로 토의를 통해 탐색한 기사 내용 중 스크랩북에 삽입할 기사, 삽화, 광고 등을 선정한다.

▶ 완성된 스크랩북은 패들렛에 게시하여 상호 공유한다.

● 패들렛 사용법은 제4장 13을 참조

수업 결과물

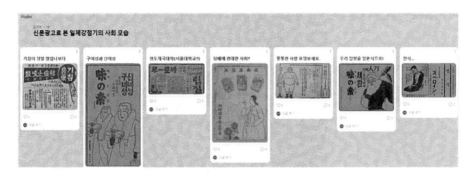

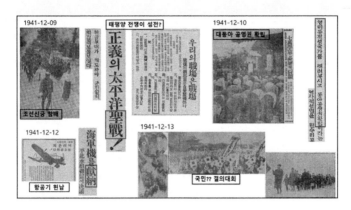

▶ 학생들은 각 모둠의 스크랩 성과물을 살펴보고 댓글을 쓴다. 또 자신의 스크랩에 달린 댓글을 확인하고 대댓글을 쓰며, 인상적인 댓글을 골라보도록 한다.

TEACHING TIP

◆ 학생이 평소 SNS 환경에서의 습관대로 댓글을 쓰면 길이가 짧고 내용의 깊이가 부족할 수 있다. 댓글을 쓸 때 포함시켜야 할 내용이나 유의할 점을 설명해 주는 것이 좋다.

◆ 다른 모둠의 성과물에 대한 감상(의견)과 댓글의 내용을 과정 평가에 반영하면 학생들의 적극적이고 활발한 참여를 유도할 수 있다.

3. 대한민국 신문 아카이브 더⁺ 잘 쓰기

● 대한민국 신문 아카이브는 별도의 회원가입이나 로그인없이 바로 접속하여 사용할 수 있어 편리하다.

● 1883년부터 1960년까지의 신문 기사를 활용할 수 있다. 그러나 구한말 근대시기의 신문은 국한문 혼용이거나 고어체의 문체라는 점을 감안해야 한다. 또, 일제강점기 이후의 신문 역시 기사에 한자의 사용이 많다. 따라서 교사는 학생들이 신문 기사의 내용에 보다 쉽게 접근할 수 있도록 배려가 필요하다.

　예 신문에 사용되는 한자(또는 전문용어) 보충 설명 자료 제공
　　순회지도를 하면서 학생들이 어려워하는 한자를 읽어주거나, 한자 어플을 보조적으로 사용

● 대한민국 신문 아카이브는 모바일에서도 볼 수 있지만 화면이 작아 시인성이 좋지 않으며, 간혹 일자 검색 등이 잘 안되는 경우가 있다. PC 활용을 권장한다.

● PC에서는 스크린샷 기능을 제공하지 않는다. 따라서 기사 스크랩을 위해서는 해당 신문 기사의 파일을 다운로드하여 사용해야 한다.

● '1920년~현대'의 기간을 다루는 수업에서는 네이버 뉴스라이브러리를 활용하는 것도 좋다.
　▶ 네이버 뉴스라이브러리는 1920년 ~ 1999년 사이에 발행된 신문 기사를 검색하여 확인할 수 있고, 신문기사의 한자를 한글로 변환하여 보여준다. 따라서 학생들이 보다 쉽게 신문 기사를 활용할 수 있다. (사용법은 p.38 참조)

4. 대한민국 신문 아카이브 쉽게 사용하기

① [사이트 접속] 인터넷 검색창에 대한민국 신문 아카이브를 검색하여 접속한다. 신문 검색에서 발행일 검색을 클릭한다.

② [기사 검색] 살펴보고자 하는 신문을 선택한 후, 날짜를 선택한다.

③ [원본 보기] 을사늑약 당시의 기사를 검색해 보았다. '한글변환'을 클릭하면 기사 제목이 한글로 변환되어 나타난다. 살펴보고자 하는 기사를 선택하여 '원문'을 클릭한다.

④ '보호제의'라는 기사의 원문을 클릭한 화면이다. 신문 전체 지면에서 해당하는 기사가 붉은 색 테두리로 표시되어 나타난다. '텍스트 보기'를 클릭하면 한글로 변환하여 볼 수 있다. 이제 신문의 각 페이지를 확인하면서 스크랩한다.

※ 상단의 메뉴에서 '화면 확대', '북마크', '다운로드' 등의 기능을 제공한다.

⊖ 참고 ❶

신문 검색 메뉴에서 '신문 브라우징'을 활용하는 것도 좋다. '신문 브라우징'은 다양한 기준에 따라 신문 기사를 유형별로 구분하여 제공하고 있다.

◆ '유형' 탭에서 광고나 날씨, 삽화만 모아서 볼 수 있으며, '사건' 탭에서는 총독부, 태평양 전쟁 과 같은 사건 외에도 공연이나 도서와 같은 분류 기준으로도 기사를 모아서 제공한다. 따라서 특정한 주제를 탐색하고자 할 때 매우 유용하다.

❗ 참고 ❷

네이버 뉴스라이브러리 사용법

◆ 네이버 홈페이지 하단의 '서비스 전체보기'를 선택한 후 '뉴스라이브러리'를 클릭

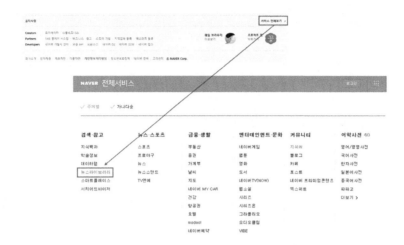

◆ 날짜 검색 기능

◆ 키워드 검색 기능

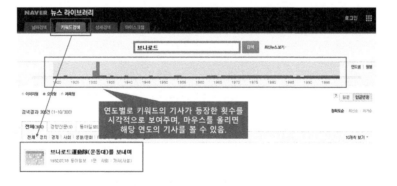

연도별로 키워드의 기사가 등장한 횟수를
시각적으로 보여주며, 마우스를 올리면
해당 연도의 기사를 볼 수 있음.

◆ 기사 검색 화면 ('텍스트 보기'를 클릭하면 한글로 변환된 기사를 볼 수 있음)

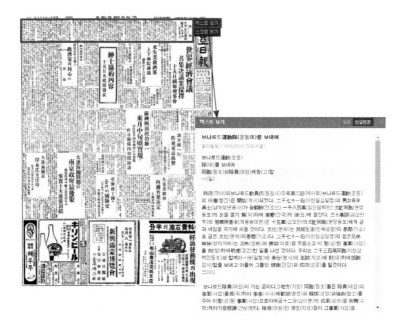

◆ 원하는 기사를 스크랩하면 '마이 스크랩'에서 확인할 수 있음.

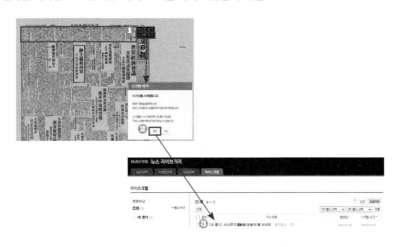

03.

⋈ 이드로우 마인드

×

생각,
꼬리에 꼬리를 물다.

지식전달 ✔
발표 ✔
활용분야
협력 ✔
토의·토론 ✔
평가

1. '이드로우 마인드(EdrawMind)'란?

마인드맵은 학습 과정에서 여러 가지 정보의 기억과 연상에 효과적으로 사용된다. 이드로우 마인드(EdrawMind)는 손으로 그리는 마인드맵이 아니라 온라인에서 원클릭으로 마인드맵을 생성할 수 있는 프로그램이다. 이드로우 마인드는 마인드맵 외에도 피쉬본, 타임라인, 조직도 등 다양한 테마의 템플릿을 제공하고 있어서 수업의 목적과 내용에 따라 폭넓게 활용할 수 있다. 인터페이스가 직관적이고, 한국어를 지원한다는 점에서 교사와 학생들은 한층 더 쉽고 편리하게 이용할 수 있다.

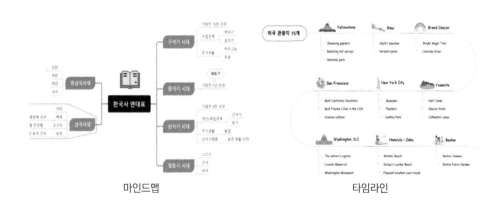

마인드맵   타임라인

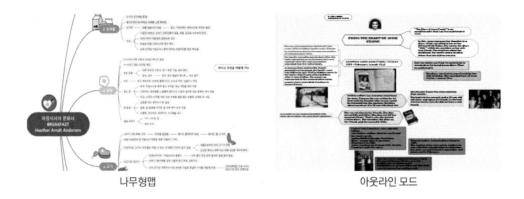

나무형맵   아웃라인 모드

2. 이드로우 마인드(EdrawMind)로 수업하기

2.1. 수업 적용 분야

마인드맵은 다양한 정보를 조직하고 맥락화하여 시각적인 형태로 기억하는 두뇌 사용 전략이다. 따라서 마인드맵은 새로운 내용을 학습하는 활동, 사고력과 창의성을 증진시키는 활동, 발표 활동뿐 아니라 학습 내용을 오래 기억하도록 하기 위한 전략으로도 사용할 수 있어서 여러 학습 장면에서 유용하게 활용할 수 있다.

또 타임라인이나 조직도, 다이어그램 등의 템플릿을 사용하여 아이디어 정리, 계획짜기, 일정관리, 브레인스토밍 등에도 사용하면 좋다.

2.2. 수업 사례

〈마인드맵을 통해 정리하는 강화도 조약〉

수업 개요

전반부에서 강화도 조약에 대한 교사 중심의 강의식 수업을 한다. 그리고 후반부에서는 학생들이 이드로우 마인드를 활용하여 강화도 조약 마인드맵을 작성한다. 학생들은 스스로 학습내용을 정리하고 내용을 체계화시키면서 이해를 심화할 수 있는 기회를 갖게 된다. 특

히 종이에 마인드맵을 작성할 때보다 더 많은 생각을 할 수 있으며, 프로그램을 활용한 시각화로 논리적이고 창의적인 사고를 촉진할 수 있다.

수업의 흐름	
도입	마인드맵 소개, 마인드맵을 활용할 수업 과정 안내
교수 활동	교사 중심 강의식 수업(학생 활동 중심 수업도 가능)
학생 활동	수업 내용을 마인드맵으로 정리하기 (EdrawMind)
정리	작성한 마인드맵을 패들렛을 통해 공유

수업의 실제

도입

▶ 마인드맵의 사례를 칠판의 화면에 제시하고, 마인드맵이 무엇인지 간략히 소개한다.

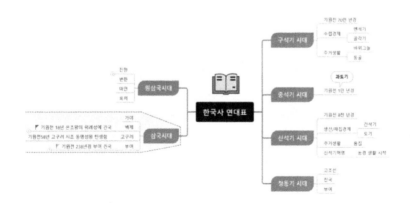

▶ 마인드맵을 활용할 본시 학습의 과정을 안내한다.

TEACHING TIP

이드로우 마인드는 화면이 직관적으로 구성되어 있어서 학생들은 몇 번의 조작만으로 비교적 능숙하게 활용할 수 있다. 사용법은 교사가 칠판의 화면을 통해 간략히 시연할 수도 있지만, 짧은 튜토리얼 영상을 보여주는 것도 좋다.

(튜토리얼 영상 : https://www.edrawsoft.com/kr/mindmap-tutorial)

전개

(1) 교수 활동 : 강화도 조약

▶ 강화도 조약을 주제로 교사 중심의 강의식 수업을 진행한다.

TEACHING TIP

학생 활동 중심으로 수업을 진행하고자 할 경우에는 학생들이 교과서를 통해 강화도 조약의 배경과 주요 내용, 성격 등을 스스로 정리하도록 할 수 있다. 이 경우에는 교과서의 내용을 보충할 수 있는 학습지를 추가로 제공해 주는 것이 좋다.

(2) 학생 활동 : 강화도 조약 마인드맵 그리기

▶ 학생들은 학습한 내용을 상기하면서 이드로우 마인드를 활용해 마인드맵을 작성한다.

마인드맵 작성 과정

① 강화도 조약이라는 중심 주제로부터 방사형으로 뻗어나가면서 맵을 작성

② 강화도 조약의 부주제는 강화도 조약의 내용을 분류할 수 있는 기준(강화도 조약의 배경, 내용, 한계 등)으로 설정

③ 중심 주제 ➡ 부주제 ➡ 하위 주제로 가지를 덧붙여 나가면서 내용을 완성

◆ 이드로우 마인드는 사용법이 간단하여 처음 접하는 학생들도 쉽게 마인드맵을 작성할 수 있다. 하지만 본 활동에 익숙하지 않은 학생들에게는 교사가 예시를 제공하여 학생들의 도구 사용 부담을 덜어주는 것이 좋다.

◆ 학생들은 마인드맵을 작성하면서 학습한 내용을 얼마나 이해하고 있는지 스스로 점검하는 기회를 갖게 된다. 마인드맵 작성시 역사적 사실을 단순히 나열하는 것이 아니라, 각 사실들 간의 구조적인 관계를 시각화하여 나타내 보도록 지도한다.

◆ 마인드맵 작성시 글자 외에도 그림이나 도형, 이모티콘 등을 사용하도록 안내하면 보다 효과적이고 재미있게 마인드맵 작성 활동을 할 수 있다.

정리

▶ 학생들은 각자 작성한 마인드맵을 패들렛을 통해 공유한다.

▶ 학생들은 친구들이 작성한 마인드맵을 보면서 자신이 제작한 마인드맵을 성찰해보고, 필요한 내용을 수정하거나 보완한다.

◆ 패들렛을 통해 성과물을 공유할 경우, 학생들은 친구들이 작성한 마인드맵을 한 눈에 확인할 수 있게 되고,

◆ 친구들의 마인드맵에 '좋아요'나 '댓글 달기' 활동으로 상호 간 피드백도 용이하기 때문에 수업 정리에 효과적이다.

❗ 참고

대단원 종료 후 각 학생(모둠)이 정치, 사회, 대외관계, 문화 등의 영역을 선택하여 대단원 전체의 내용을 마인드맵으로 구성하는 협력적인 활동도 좋다.

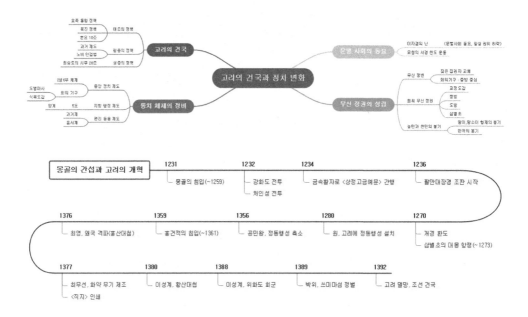

수업 결과물(고려의 건국과 변천)

3. 이드로우 마인드(EdrawMind) 더⁺ 잘 쓰기

● 이드로우 마인드를 활용하기 위해서는 프로그램을 설치해야 한다. 따라서 수업 전에 프로그램을 미리 설치해 두어야 보다 원활하게 수업을 전개할 수 있다.

 ※ 이드로우 마인드 외에도 Xmind, OKMINDMAP과 같은 유사한 프로그램이 있다.

● 이드로우 마인드는 다양한 운영체제를 지원하고 있어서 윈도우, 맥 뿐만 아니라 안드로이드나 iOS와 같은 모바일 운영체제에서도 사용할 수 있다. 그러나 학습 내용을 정리하고자 하는 목적에서 활용한다면 스마트폰(태블릿)보다는 PC를 사용하는 것이 좋다.

● 메뉴에는 여러 가지 부가기능이 있다. 소개한 기본 기능 외에도 관계선이나 설명선 삽입, 이모티콘·클립아트 삽입, 같은 성격끼리 묶을 수 있는 영역 설정 등의 다양한 기능을 활용하면 보다 구조적인 마인드맵을 만들 수 있다.

● 메뉴 중 '공유'를 클릭하여 제작한 마인드맵을 링크 형태로 공유하거나 Facebook 등 SNS에 바로 공유할 수 있다.

● '마인드맵 내보내기' 기능을 활용하여 제작한 마인드맵을 PDF나 이미지 파일로 저장할 수 있다.

● 학생들은 이드로우 마인드를 활용하여 모둠원과 실시간으로 협업하여 아이디어를 산출하면서 마인드맵을 작성할 수도 있다.

4. 이드로우 마인드(EdrawMind) 쉽게 사용하기

① [프로그램 설치] 구글 검색창에서 'EdrawMind'를 검색하여 사이트에 접속한 후 프로그램을 설치한다.

② 설치가 완료된 화면이다. 유료 계정으로 보다 확장된 기능을 사용할 수 있지만, 수업용으로는 무료 계정만으로 충분하다.

③ [마인드맵 생성] 구글 계정으로 간편하게 로그인할 수 있다. 마이드맵을 만들기 위해 첫 실행화면에서 상단 메뉴의 '파일'을 클릭한다.

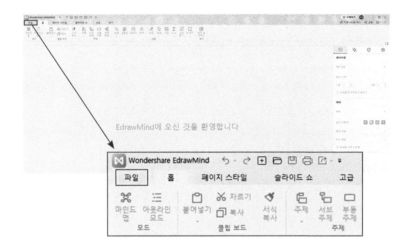

④ [템플릿 선택] 공백 템플릿과 로컬 템플릿 중 선택할 수 있다. 공백 템플릿은 기본 뼈대를 선택하여 자신이 직접 마인드맵을 그릴 때 사용한다. 로컬 템플릿을 선택하면 기존에 제작된 여러 종류의 마인드맵 중 적절한 템플릿을 선택하여 수정·편집할 수 있다.

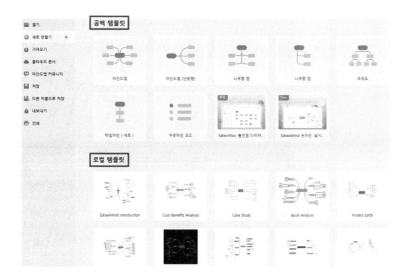

⑤ '공백 템플릿'의 마인드맵을 선택해 보자.

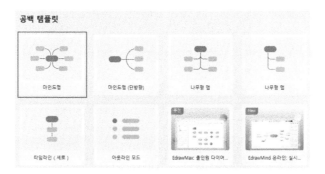

⑥ [마인드맵 작성] 마인드맵을 그릴 수 있는 실행 화면이 나타난다.

● 각 글상자를 더블 클릭하면 내용을 입력할 수 있다.

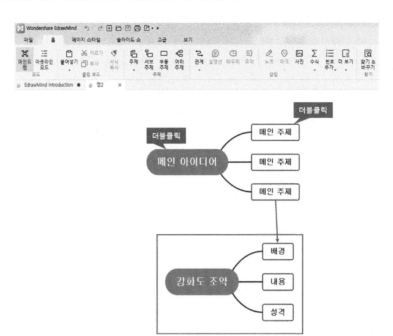

● [서식 변경] 글상자를 클릭하면 파란색 테두리가 생기면서 서식을 변경할 수 있는 창이 나타 난다. 글꼴과 크기, 색상 등을 자유롭게 변경할 수 있다.

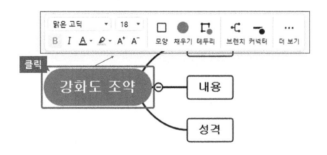

● [하위 주제 생성] 강화도 조약의 하위 주제를 만들기 위해서는 강화도 조약 글상자를 선택한 상태에서 'Enter'키를 입력한다. 이러한 방식으로 만들고자 하는 하위 주제의 수만큼 'Enter'키를 입력하면 된다.

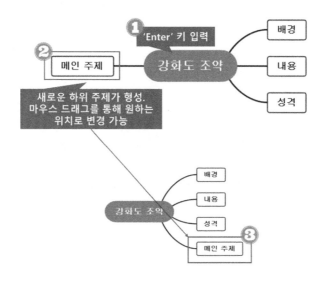

⑦ 아래 그림과 같이 새롭게 삽입한 '메인 주제'의 내용을 '부속 조약'으로 변경하고, '부속 조약'의 하위 주제를 만드는 과정을 살펴보자.

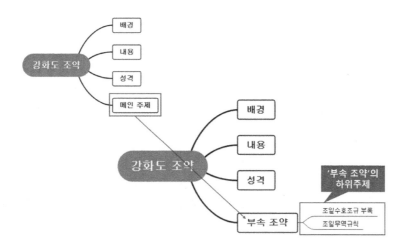

● 먼저 '메인 주제'를 더블 클릭하여 '부속 조약'이라고 입력한다. 다음 '부속 조약'을 클릭한 상태에서 'Tap'키를 누르면 '부속 조약'의 하위 주제가 생성된다. 하위 주제 역시 만들고자 하는 개수만큼 'Tap'키를 눌러주면 된다.

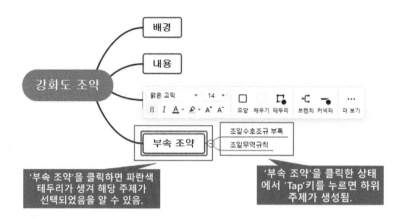

이드로우 마인드는 단축키를 사용하면 마우스로 버튼을 누르는 것보다 더욱 빠르게 마인드맵을 만들 수 있다. 이드로우 마인드는 다양한 단축키를 제공하고 있지만, 여기서는 가장 유용하게 사용할 수 있는 4가지의 단축키를 소개한다.

① Enter : 'Enter' 키를 누르면 동일한 위계에 있는 주제를 추가할 수 있다.
② Tab : 'Tab' 키는 하위 위계의 주제를 추가할 수 있다.
③ Space : 'Space' 키를 눌러 텍스트를 편집할 수 있다. 키보드 방향키로 다른 주제로 이동할 수 있으며 이 때 'Space' 키를 누르면 텍스트를 편집할 수 있다.
④ Del : 'Del' 키를 눌러 선택한 주제를 삭제할 수 있다.

⑨ [마인드맵 제작] 이와 같은 방법으로 만들고 싶은 주제와 하위 주제를 생성해 가면서 마인드맵을 완성한다.

❗참고 ❶

우측 메뉴의 '형식'을 클릭하여 마인드 맵의 주제, 모양, 색상, 텍스트 등을 자유롭게 설정할 수 있다.

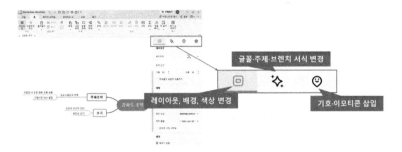

〈예시①〉 '강화도 조약' 마인드맵

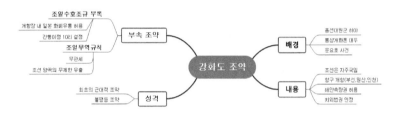

〈예시②〉 '갑신정변' 마인드맵

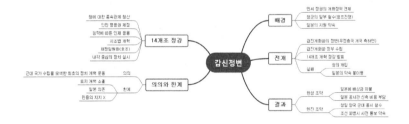

〈예시③〉 '조선의 건국과 통치 체제' 마인드맵

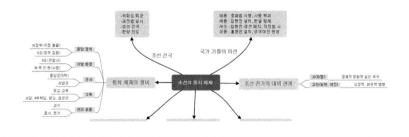

마인드맵의 다양한 레이아웃

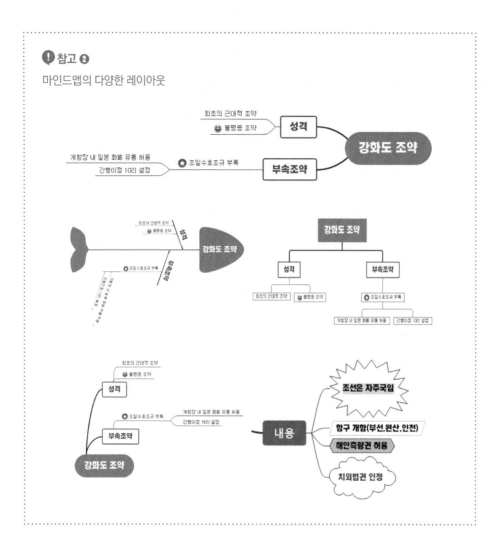

04.

& 아트 앤 컬처

×

세상에서 가장 큰
박물관에 가다

1. '아트 앤 컬처'란?

아트 앤 컬처는 구글에서 운영하는 예술작품 전시 플랫폼으로, 세계에서 가장 큰 박물관·미술관이라고 할 수 있다. 몇 번의 클릭만으로 시·공간을 초월하여 방대한 양의 예술작품을 초고해상도의 이미지와 동영상, VR(가상현실)로 감상할 수 있기 때문이다. 온라인과 모바일에서 모두 이용이 가능하며, 기가 픽셀(Giga pixel) 촬영 기법 덕분에 학생들은 박물관·미술관에서 작품을 직접 보는 것보다 더 가깝게 관찰할 수 있다.

2. 아트 앤 컬처로 수업하기

2.1. 수업 적용 분야

아트 앤 컬처는 수 많은 유물, 유적, 예술 작품과 관련 정보를 담고 있어, 수업의 주제와 목적에 따라 다방면으로 활용할 수 있다. 특수 카메라로 촬영된 이미지는 '확대 보기 기능'을 이용하여 재료의 질감이나 붓의 터치와 방향까지도 확인이 가능하다. 뿐만 아니라 '스트리트 뷰'를 이용해 박물관이나 미술관을 원하는 곳에서 마음껏 360도로 살펴볼 수 있다. 또 '역사적 인물', '역사적 사건' 섹션에서는 인물·사건에 관한 설명과 풍부한 부가 자료를 제공한다. 역사수업에서 아트 앤 컬처는 다음과 같은 형태로 활용할 수 있다.

- 세계 각 지역의 박물관, 미술관, 유적지 가상 투어
- 전문 큐레이터의 작품 전시(설명이 곁들여진) 온라인 감상
- '역사적 사건', '역사적 인물' 메뉴를 활용한 보충·심화 학습
- 박물관 답사계획서 만들기, 여행상품 기획하기 등의 다양한 응용 활동

교실에서 떠나는 현장 체험 학습

VR을 통한 박물관, 미술관 관람

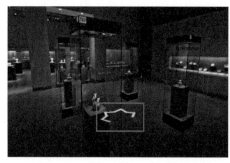

세계 유적지 360도 영상

동시대에 활동한 역사 인물 탐구

2.2. 수업 사례

〈그림을 통해 알아보는 조선 후기의 사회 모습〉

수업 개요

　　시각 매체에 익숙한 학습자들의 인지적 특성을 고려하여 그림을 활용한 수업을 설계하였다. 박물관 자료들을 시각적으로 생생하게 경험하면서 학생들은 높은 학습 동기를 가지고 학습 활동에 적극적으로 참여하게 된다. 또 그림이라는 '사료'를 통해 당시의 역사적 상황을 구체적으로 경험함으로써 과거 사람들의 생활 모습과 생각을 역사적 맥락 속에서 추론하게 된다.

수업의 흐름	
도입	김홍도의 그림에 말풍선 넣기
활동(1)	그림 '그대로 보기'(표면적인 정보 찾기)
활동(2)	그림 '생각하며 보기' (분석과 해석, 의미 추론)
정리	사료를 통해 이해 확장하기

수업의 실제

도입

▶ 패들렛 '캔버스'의 배경을 김홍도의 그림으로 설정한 후, 각 등장인물에 말풍선을 넣어 보도록 한다.

패들렛의 캔버스를 활용한 등장인물 말풍선 넣기

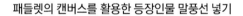

TEACHING TIP

별도의 학습지를 사용하지 않고, 패들렛의 '캔버스'를 활용하여 그림에 말풍선 넣기를 간편하면서도 재미있게 할 수 있다. (패들렛 사용법은 13편 참조)

※ 패들렛에서 '캔버스' 포맷 선택 → '설정' 메뉴의 '배경화면'에서 김홍도 그림을 업로드하여 패들렛 배경화면으로 설정(업로드할 이미지가 컴퓨터에 저장되어 있어야 함) → 학생은 '+'를 클릭하여 말풍선을 넣고 마우스 드래그로 위치를 마음대로 옮길 수 있음.

전개 단계의 활동은 '그대로 보기'와 '생각하며 보기'로 나누어진다.

▶ '그대로 보기' 단계에서는 교사가 제시한 그림에 나타난 ① 정보를 찾고 ➡ ② 분류하고
  ➡ 이로부터 알 수 있는 사실을 ③ 문장으로 진술하도록 한다.

▶ 아트 앤 컬처의 '나의 컬렉션'에 담긴 김홍도, 이한철, 김준근 등의 그림을 칠판의 화면
  을 통해 보여준다.('나의 컬렉션'을 공유하여 학생들이 각자의 기기에서 살펴보도록 할 수도 있다.)

▶ 그림 '그대로 보기' : 학생들은 그림을 자세히 관찰하면서 그림에 나타난 표면적인 정보
  를 찾아 학습지에 작성한다.

TEACHING TIP

◆ 마우스의 휠을 조절하여 그림을 확대·축소할 수 있다.

◆ 그림의 배경, 등장 인물의 수, 옷차림, 행동, 사용하고 있는 도구 등 그림의 표면에서 확인할
  수 있는 정보를 자세히 관찰해 보도록 한다.

◆ 그림에 나타난 당시 사회 모습을 관찰한 정보를 바탕으로 간단한 한 문장의 형태로 작성하
  도록 한다. 이 때 보다 구체적인 진술이 되도록 지도한다.
  예) 사람들이 농사를 짓고 있다(X) → 농민들이 줄을 지어 모내기를 하고 있다(O)

그림을 통해 알아보는 조선 후기의 사회 모습

1. 그림속 정보 찾기

(1) '경직도'에 나타난 정보를 찾아 적어봅시다.

배경	등장인물	의복	행동

(2) '자리짜기'에 나타난 정보를 찾아 적어봅시다.

배경	등장인물	의복	행동

2. 그림에 어울리는 제목 붙여보기

(1)

(2)

3. 그림에 나타난 당시 사회 모습

(1) '경직도'에 나타난 정보를 통해 알 수 있는 당시 사회 모습을 적어봅시다.
　①
　②
　③
(2) '자리짜기'에 나타난 정보를 통해 알 수 있는 당시 사회 모습을 적어봅시다.
　①

▶ 그림 '생각하며 보기' : 이 단계에서는 학생들의 역사적 상상과 공감을 유도한다. ① 당시 사람들의 삶과 생각을 추측해 보고, ② 이를 종합하여 당시 사회 모습을 역사적 맥락에서 구성해 보도록 한다.

4. 당시 사회 모습 추론하기

(1) 그림을 통해 추측할 수 있는 당시 사회·경제·문화의 모습은?

〈그림(1)〉	〈그림(2)〉

(2) 그림에 나타난 등장인물들의 생각(사상)은?

〈그림(1)〉	〈그림(2)〉

◆ 증거에 기초하여 역사적 맥락 속에서 추론하도록 하되, 현재가 아닌 과거 세계를 살아가는 그들의 사고와 관점으로 바라보도록 안내한다. 또 그림에 나타나 있지 않은 부분을 상상하여 재구성하고, 등장인물의 생각과 마음을 감정이입해 보도록 지도한다.

◆ 이를 위해서는 교사의 초점이 명확하고 구체적인 질문을 포함한 지도가 중요하다.
   ㉖ 눈에 띄는 장면은?, 그렇게 표현한 까닭은?, 궁금한 점은?, 오늘날과 비슷한 점·다른 점은?

◆ 학생들은 저마다 다른 부분에 중점을 두어 해석하기도 하고, 자신들의 경험에 비추어 분석하고 추론하게 된다. 이 과정에서 교사는 학생들의 분석과 해석이 역사적 사실과 맥락을 토대로 이루어지고 있는지, 잘못된 부분은 없는지를 살피고 적절한 조언과 지도를 해야 한다.

◆ 그림을 통해 '예언해보기'를 추가하여 학생들의 사고를 심화할 수 있다.
   〈예언하기 예시〉 대토지를 소유한 양반은 농민에게 더 많은 일을 시키고, 더 적은 임금을 주려고 하며, 결국 소작농들은 지주에게 저항하기 시작할 것이다.

정리

▶ 조선 후기의 사회상이 나타나 있는 '문자 사료'를 제공하고, 탐구활동을 통해 학습 내용에 대한 이해가 심화되도록 한다.

5. 사료를 통해 더 알아보기

〈조선 초·중기〉	〈조선 후기〉
농업은 본업이요, 수공업과 상업은 말업이다. … 비록 수공업자와 상업하는 자를 강제적으로 쫓아낼 수는 없다 하더라도 이를 금하지 않으면 안된다. -중종실록-	생각하여 보면 수공업자나 상인은 없어선 안 되는 점은 선비나 농부와 다를 것이 없다. … 지금 우리나라는 제조하는 물품이 정교하지 못하고 물화가 통하지 않고 있으니 마땅히 세금을 가볍게 하여 수공업과 상업을 장려해야 한다. -유형원 〈반계수록〉-

(1) 조선 전기에 농업, 수공업, 상업을 바라보는 시각은?

(2) 조선 후기 실학자 유형원의 주요 주장은?

(3) 조선 전기와 비교하여 조선 후기에는 어떠한 변화가 나타났는가?

3. 아트 앤 컬처 더⁺ 잘 쓰기

● 사례로 소개한 수업과 유사한 형태로 진행할 경우에는 학생들이 직접 그림을 검색하는 것보다는 교사가 '나의 컬렉션'에 적절한 그림을 담아 놓고 이를 공유하는 형태가 좋다. 참고로 작가명으로 그림을 직접 검색하면 신체 노출 정도가 학생들에게 적합하지 않은 작품도 여과없이 나타나기 때문에 주의해야 한다.

● 아트 앤 컬처의 메뉴 중 '역사적 인물', '역사적 사건' 섹션에서 시간 순으로 검색하면 비슷한 시기에 활동했거나 일어났던 인물·사건을 살펴볼 수 있다. 이를 적절히 활용하면 한국사나 동아시아사와 같이 특정 국가(지역)의 역사를 학습하면서도 학생들에게 세계사적인 시각에서 역사를 조망해 볼 수 있는 기회를 제공해 줄 수 있다. 다만, '역사적 사건'은 전근대 시기의 항목이 많지 않으며, '역사적 인물'은 미국과 유럽을 중심으로 제공하고 있다.

● 아트 앤 컬처에서는 여러 종류의 게임도 제공하고 있는데, 'Geo Artwork'와 'What Came First?'는 역사수업에서 활용할 수 있다. 아트 앤 컬처 상단 메뉴의 '플레이'를 클릭하여 접속할 수 있다.

▶ 'Geo Artwork' : 조각이나 그림과 같은 예술 작품, 건축물 등이 어느 국가의 작품(건축물)인지 맞추는 게임이다. 작품(건축물)과 세계지도가 한 화면에 표시되고, 세계지도에 해당 국가를 클릭하여 퀴즈를 해결한다. 다양한 문화유산과 더불어 세계지도를 통한 지리적 인식을 구축하는데 도움이 된다.

▶ 'What Came First?' : 화면에 두 개의 문화적 사건이 제시되는데, 이 중에서 어떤 것이 시기상 먼저인지를 맞추는 게임이다. 정답에 따라 포인트를 획득할 수 있어 학생들이 몰입감을 갖고 참여한다.

● 역사수업과는 다소 무관하지만, 나와 닮은 꼴의 초상화를 찾아보거나, 증강현실(AR)을 이용해서 예술작품을 교실에 실물 크기로 전시해 볼 수도 있다. 다만, 이러한 기능을 사용하기 위해서는 아트 앤 컬처 앱을 다운로드해야 한다.

4. 아트 앤 컬처 쉽게 사용하기

① 아트 앤 컬처에서 나의 컬렉션을 만들어 보자. 구글 검색창에서 아트 앤 컬처(https://artsandculture.google.com)를 검색하여 사이트에 접속한다. 구글 계정으로 로그인한 후 좌측 상단의 메뉴 버튼을 클릭한다.

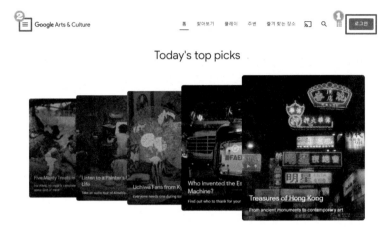

② 메인 화면의 좌측 메뉴에서는 다양한 분류 기준을 제공하고 있는데, 특히 '역사적 사건', '역사적 인물' 섹션을 활용하는 것도 좋다. 또한 우측 상단의 검색 메뉴에서 직접 키워드를 입력하여 원하는 작품을 검색할 수도 있다.

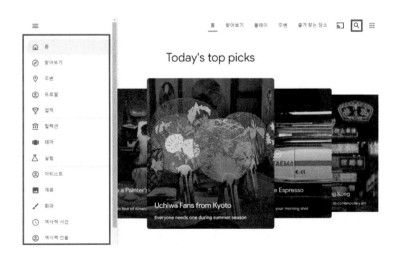

③ 키워드로 '김홍도'를 검색한 화면이다. 화면의 그림 위에 마우스를 올려놓고 클릭한다.

④ 김홍도의 작품들이 검색되는데, 세 가지의 기준으로 정렬하여 볼 수 있다. 아래 화면은 시기순으로 정렬한 결과이다. 또한 '아티스트 더보기'를 클릭하여 김홍도와 연관된 다른 작품을 살펴보는 것도 가능하다. 이제 '나의 컬렉션'에 추가하고 싶은 그림을 선택하여 클릭한다.

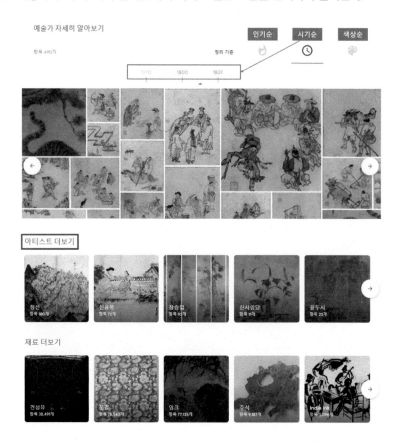

⑤ 화면 하단의 '하트'를 클릭하여 즐겨찾기에 추가한다. 이와 동일한 방법으로 '나의 컬렉션'에 추가하고자 하는 그림을 선택하여 추가한다.

⑥ 그림 선택이 완료되었으면 '즐겨찾는 장소'를 클릭한다. 다음과 같이 즐겨찾기한 그림들이 모여 있는 것을 확인할 수 있다.

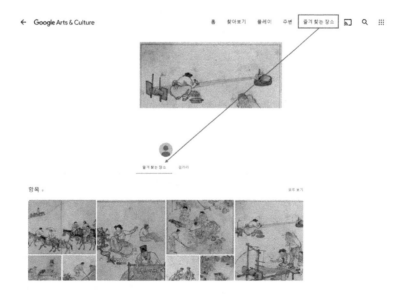

⑦ '갤러리'를 클릭한 후 '갤러리 만들기'를 선택한다. '나의 컬렉션'에 넣을 작품들을 체크한 후 '계속'을 클릭한다.

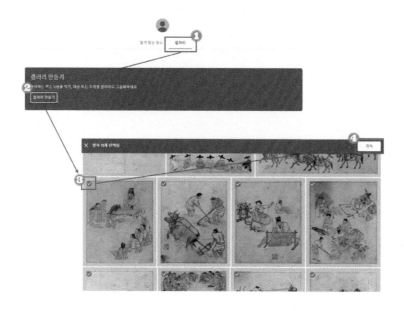

⑧ 컬렉션의 이름을 입력한다. '설명'은 컬렉션에 대한 간단한 설명을 입력하는 곳으로 옵션 사항이다. 마지막으로 '공개' 설정을 한 뒤 '완료'를 클릭한다.

> ❗ 참고
> '공개'로 되어 있으면 학생들과 쉽게 공유할 수 있다. 만약 공유하지 않고 칠판의 화면을 통해 학생들에게 보여주기만 한다면 비공개로 해도 무방하다.

⑨ 아래와 같이 '나의 컬렉션'이 완성되었다. 이제 학생들에게 공유하거나 칠판의 화면으로 보여주면서 수업을 진행한다.

제2장

쓰다.

×

05.

 엣지(Edji)

×

역사를 읽고,
역사를 쓰다.

1. '엣지(Edji)'란?

엣지는 학생들이 텍스트를 읽고, 의견을 나누고, 글을 쓰는 활동을 효과적으로 지원하는 프로그램이다. 처음 '교실형 읽기 프로그램'을 표방했던 엣지는 이후 학생 상호간 의견 교환과 협력, 쓰기 기능을 보강하면서 '읽고, 쓰는 수업'에 있어 최적화된 온라인 프로그램이 되었다. 학생들은 텍스트를 읽으면서 중요한 부분에 형광펜 기능으로 하이라이트하고 주석(메모)을 다는데, 이는 학생들의 사고를 유도하고 표현 의지를 자극하면서 쓰기 활동으로 이어지게 된다. 학생 각자의 읽기 활동은 '히트 비전' 기능을 통해 실시간으로 공유되기 때문에, 학생들은 자신의 읽기를 스스로 점검하거나 서로 협동할 수 있으며 나아가 토론까지 가능하다.

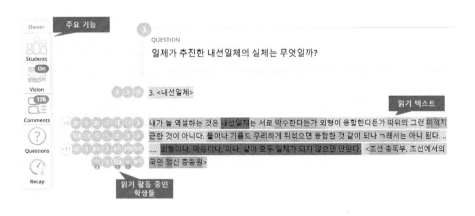

2. 엣지(Edji)로 수업하기

2.1. 수업 적용 분야

독서에 중점을 두어 교과 독서, 교과 연계 독서 또는 교과 학습 내용에 대한 보충·심화자료 읽기 활동을 할 수 있다. 특히 역사수업에서 엣지는 사료를 활용한 학습에서 큰 효과를 발휘한다. 학생들은 엣지를 통해 교사가 제시한 사료를 읽고 해석하며, 그 과정에서 학생 상호간 활발한 소통을 하게 된다. 또 교사는 학생들의 사료비판 과정을 실시간으로 점검하고 개별적인 피드백을 제공할 수 있다.

엣지의 '히트 비전' 기능을 활용하면 학생들이 텍스트에 대한 자신의 이해와 견해를 다른 학생과 비교하고 검토할 수 있게 되므로, 개인적 읽기 과정에서 나타날 수 있는 편견이나 독단적인 이해를 점검할 수 있다. 역사수업에서 엣지의 활용은 역사적 사고력·탐구력과 더불어 의사소통 능력과 디지털 리터러시 역량도 배양할 수 있다는 점에서 매우 유용하다.

▶ 장면 ① : 각 학생은 텍스트를 읽으면서 중요한 부분에 하이라이트하고, 해당 부분에 각주(메모)를 기록함.

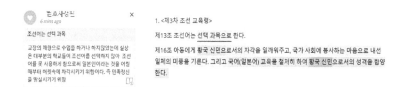

▶ 장면 ② : 히트 비전 기능을 활성화시키면 각 학생의 읽기 활동(하이라이트. 메모 등)이 실시간으로 공유되면서 상호간 활동을 확인할 수 있음.

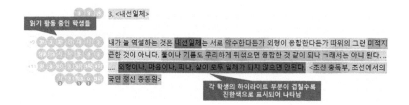

▶ 장면 ③ : 학생들은 텍스트를 읽으면서 상호 의견을 교환하고 토의(토론)할 수 있으며, 교사는 개별 학생의 읽기 활동을 점검하면서 피드백함.

▶ 장면 ④ : 오디오 기능을 통해 중요한 코멘트는 학생 모두와 공유할 수 있음.

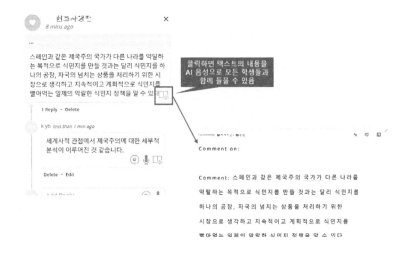

2.2. 수업 사례

〈읽고 해석하고 나누는 사료학습〉

수업 개요

엣지를 활용한 사료학습을 통해 학생들이 과거인의 생각과 모습을 체험하고 생생한 현장감을 느끼며, 역사적 상상력과 사고력을 배양할 수 있는 기회를 제공하고자 하였다. 또 학생들이 사료를 능동적으로 읽고 그 의미를 합리적으로 추론해보며, 전체 수행 과정을 친구들과 공유하도록 설계하였다. 학생들은 히트 비전 기능을 통해 자신의 활동 과정과 추론 내용을 다른 친구들의 그것과 스스로 비교하면서 사료를 심층적으로 탐구하게 된다.

수업의 흐름	
도입	역사적 인물에 대한 상반된 평가 사례 제시
활동(1)	사료 읽기 활동(1) : 표면적 읽기
활동(2)	사료 읽기 활동(2) : 분석적·해석적 읽기
정리	활동 돌아보기

수업의 실제

[도입]

▶ 역사적 인물에 대한 상반된 평가가 나타난 사료를 제시하고, 이렇게 상반된 평가가 내려진 이유를 생각해 보도록 한다.

  예 고려 광종에 대한 최승로의 부정적 평가 vs. 개혁군주로서의 평가

　　바스코 다 가마에 대한 유럽 vs. 인도의 평가

▶ 역사학에서 사료가 갖는 의미, 사료를 활용하는 방법을 간단히 설명하고 엣지를 사용하는 수업 과정을 안내한다.

교사는 칠판의 화면을 통해 엣지의 사용법을 시연하면서 안내한다. 실제 수업에서 학생들은 엣지 사용법보다는 사료 비판이나 글쓰기, 친구들과의 상호작용을 더 어려워한다. '도구' 활용 측면보다는 읽고, 쓰기의 과정에서 자신의 생각을 들여다보고 이를 명료한 언어로 표현하며, 협력적 상호작용에 익숙해질 수 있도록 지도가 필요하다.

전개

사료 읽기 활동은 '표면적 읽기'와 '분석적 · 해석적 읽기'의 단계로 진행된다.

Instructions

사료를 통해 고조선의 사회 모습을 탐구해 보아요!
(하이라이트 기능과 메모삽입, 댓글 기능을 적극적으로 사용합니다)

하늘에서 (1)환인의 아들 환웅이 널리 세상을 이롭게 할 목적으로 이 땅에 내려왔다. 환웅은 (2) 바람, 비, 구름을 다스리는 신들을 데리고 태백산 신단수 아래에 신시를 열었다. 이때 곰과 호랑이가 와서 사람이 되기를 빌었다. 곰은 삼칠일 동안 몸을 삼가 여자의 몸이 되었으나, 호랑이는 그렇지 못하여 사람의 몸을 얻지 못하였다.

(3)여자가 된 곰의 부탁으로 환웅이 잠시 남의 몸으로 변하여 웅녀와 결혼하니

, 그 사이에서 태어난 이가 (4)단군왕검이다. 단군왕검은 자라서 아사달에 도읍하고 조선이라는 나라를 세웠다.

▶ 1단계 : 표면적 읽기

● 사실 그대로의 의미에 집중한다. 사료에 명시적으로 나타난 내용, 말하고 있는 핵심 주장이나 주제를 파악해 보도록 한다.

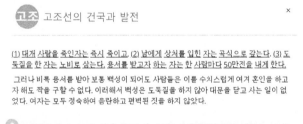

고조선의 건국과 발전   ×

(1) 대개 사람을 죽인 자는 즉시 죽이고, (2) 남에게 상처를 입힌 자는 곡식으로 갚는다. (3) 도둑질을 한 자는 노비로 삼는다. 용서를 받고자 하는 자는 한 사람마다 50만전을 내게 한다.
그러나 비록 용서를 받아 보통 백성이 되어도 사람들은 이를 수치스럽게 여겨 혼인을 하고자 해도 짝을 구할 수 없다. 이러해서 백성은 도둑질을 하지 않아 대문을 닫고 사는 일이 없었다. 여자는 모두 정숙하여 음란하고 편벽된 짓을 하지 않았다.

QUESTION
고조선의 8조금법 조항 (1)~(3)은 각각 어떤 의미를 담고 있을지 생각해서 적어봅시다.

학생의 과제 수행 과정

1104 조
New

50만전
화폐가 사용되고 있다. ⓘ

DRAFT · Delete · ✓ Save
View Line

(1) 대개 사람을 죽인자는 즉시 죽이고, (2) 남에게 상처를 입힌 자는 곡식으로 갚는다. (3) 도둑질을 한 자는 노비로 삼는다, 용서를 받고자 하는 자는 한 사람마다 50만전을 내게 한다.

그러나 비록 용서를 받아 보통 백성이 되어도 사람들은 이를 수치스럽게 여겨 혼인을 하고자 해도 짝을 구할 수 없다. 이러해서 백성은 도둑질을 하지 않아 대문을 닫고 사는 일이 없었다. 여자는 모두 정숙하여 음란하고 편벽된 짓을 하지 않았다.

QUESTION

▶ 2단계 : 출동! 역사탐정(분석적 · 해석적 읽기)
- 사료의 저자가 글을 쓴 이면의 의도를 파악해 보고, 사건을 맥락적으로 재구성해 보도록 한다.

TEACHING TIP

◆ 과거의 사건, 논쟁, 주장 등을 이해하기 위해 학생들에게 역사탐정이 되어보도록 주문한다. 즉, 사건을 해결하기 위해 탐정처럼 주변 인물을 탐문하고 그 사건과 관련된 전후 사건들을 찾아 사건의 맥락을 재구성해 보도록 탐문하고 조사하도록 하는 것이다.

◆ 이 때 내가 살고 있는 세계와는 전혀 다른, 매우 낯선 곳에 여행을 갔다고 가정해 보도록 한다. 학생들에게 그 곳의 사람들을 이해하기 위해 어떤 질문들을 할 것인지 생각해 보게 하고, 그러한 질문들을 과거인에게도 던지게 한다.

◆ 학생들이 사료를 비판적으로 읽고 자신의 생각을 표현할 수 있는 충분한 시간을 주는 것이 좋다. 이 과정에서 교사는 구체적인 방법을 설명하는 것보다는 학생 스스로 탐구하고 사고할 수 있도록 안내자의 역할에 머무르는 것이 효과적이다.

정리

▶ 3단계 : 역사탐정 활동 돌아보기
- 사료의 독해 과정에 영향을 미친 학생 개인의 편견 또는 시대착오적 개념은 없는지 교사와 함께 확인하고 점검한다.

TEACHING TIP

엣지의 댓글 기능을 활용하면 사료 독해 과정에서 활발한 토의를 유도할 수 있다. 이를 통해 학생들은 하나의 역사적 사건에도 다양한 의견이 존재할 수 있다는 역사학의 본질적 특성을 깨닫게 되는 경험을 할 수 있다.

3. 엣지(Edji) 더⁺ 활용하기

● 교사는 엣지의 계정이 있어야 하지만 학생은 계정없이 사용할 수 있다. 즉, 학생은 엣지에 로그인하지 않아도 교사가 제공한 코드를 통해 수업에 참여할 수 있고, 엣지의 기능 사용에도 제한이 없다. 다만, 게스트 모드를 사용할 경우 웹페이지를 닫으면 그 동안의 활동 기록이 사라지게 된다. 따라서 활동 내용을 저장해야 하거나, 여러 차시로 이어지는 수업을 설계한다면 학생들은 개인 계정을 통해 로그인해야 한다.

● 엣지는 웹기반의 프로그램으로 PC, 태블릿, 스마트폰 모두 사용 가능하지만, 읽기의 가독성과 쓰기 활동을 고려한다면 PC 사용을 권장한다.

● '히트 비전' 기능은 읽고 쓰는 활동을 역동적으로 이끈다. 교사가 히트 비전을 활성화하면 학생들은 친구들의 읽기 활동을 실시간으로 확인할 수 있고, 댓글 기능을 통해 아이디어 공유와 교환이 가능하다. 또한 교사는 학생들의 주요 관심사나 대화 주제를 실시간 확인하고 적절한 피드백을 제공할 수 있다. 다만, 히트 비전이 계속 켜져 있을 경우 다른 학생들의 활동 과정이 동시에 보이기 때문에 읽기에 집중하기 어려울 수 있다. 교사는 이를 고려하여 수업 진행 중 히트 비전의 활성화·비활성화를 적절하게 변경하면서 사용해야 한다.

● 교사, 학생은 인상깊은 혹은 나누고 싶은 문구를 오디오 기능(AI가 해당 문구를 인식하여 읽어줌)으로 전체 학생과 공유할 수 있다. 히트비전을 실행시키는 순간 '술렁'이는 교실을 확인할 수 있는데, 오디오 기능은 학생간의 상호작용을 크게 활성화하는 2차 촉진제의 역할을 한다.

● 엣지는 무료 계정에서 두 개의 'Reading'을 사용할 수 있다. 교사는 새로운 Reading을 계속 생성할 수 있지만, 가장 최근에 등록한 2개의 Reading만 사용할 수 있다. 이전에 등록한 Reading은 삭제되지 않고 저장되어 있지만 유료 계정으로 전환해야 사용할 수 있다.

※ Edji는 무료 사용자에 비해 유료 사용자가 많지 않아 경영상의 어려움을 겪고 있는 것으로 보인다. 현 상태가 지속된다면 조만간 서비스를 종료할 수도 있다는 안타까운 소식이 들린다. 이에 Edji와 유사하게 활용할 수 있는 InsertLearning의 사용법도 간단히 소개한다.

⚠ 참고

엣지(Edji)와 유사한 기능의 'InsertLearning'

InsertLearning은 텍스트를 읽고 글을 쓰며 교사의 질문에 답하는 등 '읽고 쓰는' 교육 활동에 적합한 프로그램으로 엣지와 유사하다. 차이점이 있다면 InsertLearning은 읽기 텍스트로 웹페이지를 활용한다는 점이다. 즉, 교사는 인터넷에서 수업의 목적과 내용에 적합한 웹페이지를 활용하여 학생에게 '읽고 쓰는' 과제로 제작하여 공유할 수 있다.

따라서 InsertLearning을 활용한 수업 역시 엣지 활용 수업과 유사한 교육적 효과를 얻을 수 있다. 특히 InsertLearning에서는 학생 상호간 온라인 토론이 가능하고, 인터넷 상의 풍부한 정보를 손쉽게 활용할 수 있다는 점에서 교수 설계 방식에 따라 엣지보다 더 유용한 도구가 될 수도 있다.

국사편찬위원회에서 운영하는 우리역사넷의 〈사료로 본 한국사〉 웹페이지를 활용하여 사료학습을 위한 수업 자료를 만드는 과정을 살펴보자.

① 웹브라우저의 검색창에서 'InsertLearning'을 검색하여 접속한 후, 'Chrome에 추가'를 클릭하여 설치한다.

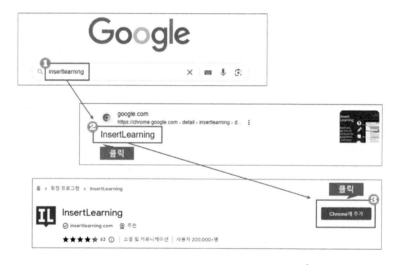

② InsertLearning은 구글 계정으로 로그인할 수 있으며, 'Teacher'를 선택한 후 교실 명칭을 입력하고 'Create'를 클릭한다.

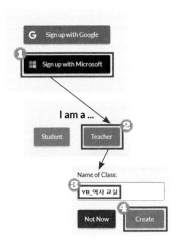

③ 첫 실행화면에서 'Classes'를 클릭하면 교실이 생성된 것을 확인할 수 있다. 하단의 'Class Code'는 과제를 공유한 후, 학생이 접속할 때 필요하다.

④ 학생에게 과제로 제시할 웹페이지에 접속한다. 여기에서는 우리역사넷의 〈사료로 본 한국사〉에서 '황준헌의 조선책략' 사료를 선택하였다.

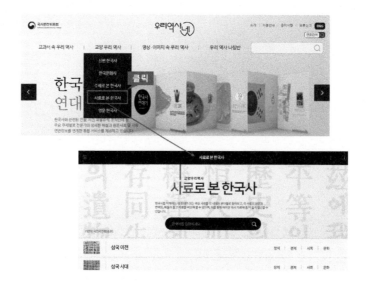

⑤ 화면 상단 주소창의 우측 메뉴에서 크롬 브라우저의 확장 프로그램인 'InsertLearning'**IL**을 클릭하면 다음 그림과 같이 화면 좌측에 메뉴바가 나타난다.

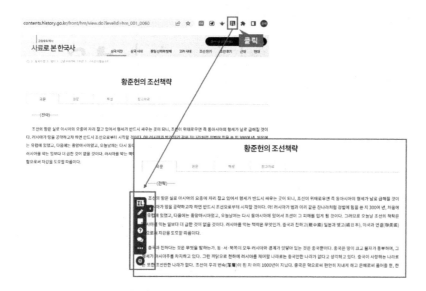

⑥ 메뉴 기능을 활용하여 【텍스트 하이라이트, 보충 설명, 질문, 이미지·영상 삽입, 토론 과제 제시】 등 학생이 수행해야 할 '읽고 쓰기(사료학습) 자료'를 제작한다.

〈질문 삽입〉

〈텍스트 강조 및 보충 설명, 질문 등 삽입〉

〈이미지, 동영상 등 삽입〉

이미지, 동영상 등을 삽입할 수 있음.

본문의 읽기 텍스트에 보충용
동영상을 삽입한 예

〈토론 과제 삽입〉

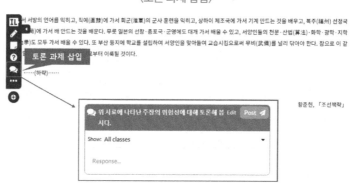

서방의 언어를 익히고, 직예(直隸)에 가서 회군(淮軍)의 군사 훈련을 익히고, 상하이 제조국에 가서 기계 만드는 것을 배우고, 복주(福州) 선정국)에 가서 배 만드는 것을 배운다. 무릇 일본의 선창·총포국·군영에도 대개 가서 배울 수 있고, 서양인들의 천문·산법(算法)·화학·광학·지학學)도 모두 가서 배울 수 있다. 또 부산 등지에 학교를 설립하여 서양인을 맞아들여 교습시킴으로써 무비(武備)를 널리 닦아야 한다. 참으로 이 같부터 이룩될 것이다.

토론 과제 삽입

·······(하략)·······

황준헌, 「조선책략」

⑦ 과제 제작이 완료되었으면 '공유하기'를 클릭하여 학생에게 과제를 공유한다. 이 때 교사는 학생이 과제에 접속할 수 있는 'Class code'도 전송해야 한다.

[잠깐!] 학생이 사용하는 기기(PC, 태블릿, 스마트폰)에도 크롬 브라우저의 확장 프로그램인 InsertLearning이 설치되어 있어야 하며, 교사에게 전송받은 Class code를 입력하여 학습 자료에 접속할 수 있다.

⑧ [학생 접속] 학생은 구글 클래스룸이나 교사에게 전송받은 링크를 통해 접속할 수 있는데, 구글 계정으로 로그인한 후 Class code를 입력하면 된다.

⑨ [과제 수행] 이제 학생은 학습 자료를 읽고, 하이라이트(형광펜)와 메모를 하며, 교사의 보충 설명이나 질문에 대한 답변, 학생 상호간 토론 등의 과제를 수행한다.

[학생 접속화면 예시]

황준헌의 조선책략

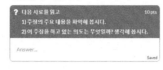

? 다음 사료를 읽고   10 pts
1) 주장의 주요 내용을 파악해 봅시다.
2) 이 주장을 하고 있는 의도는 무엇일까? 생각해 봅시다.

Answer...
                                                    Saved

| 국문 | 원문 | 해설 | 참고자료 |

……(전략)……

조선의 땅은 실로 아시아의 요충에 자리 잡고 있어서 형세가 반드시 싸우는 곳이 되니, 조선이 위태로우면 즉 동아시아의 형세가 날로 급해질 것이다. 러시아가 땅을 공략하고자 하면 반드시 조선으로부터 시작할 것이다. 아! 러시아가 범과 이리 같은 진나라처럼 정벌에 힘을 쓴 지 300여 년, 처음에는 유럽에 있었고, 다음에는 중앙아시아였고, 오늘날에는 다시 동아시아에 있어서 조선이 그 피해를 입게 될 것이다. 그러므로 오늘날 조선의 책략은 러시아를 막는 일보다 더 급한 것이 없을 것이다. 러시아를 막는 책략은 무엇인가. 중국과 친하고(親中國) 일본과 맺고(結日本), 미국과 연결(聯美國)함으로써 자강을 도모할 따름이다. [중국, 결일본, 연미국]_이 주장이 의미하는 바는 무엇일까?

무릇, 중국과 친하다는 것은 조선이 믿을 것이요, 일본과 맺는 것은 조선이 반신반의할 것이요, 미국과 연결하는 것은 조선이 매우 의심할 것이다.

……(중략)……

(地學)도 모두 가서 배울 수 있다. 또 부산 등지에 학교를 설립하여 서양인을 맞아들여 교습시킴으로써 무비(武備)를 널리 닦아야 한다. 참으로 이 같이 할진대 조선 자강의 터전은 이로부터 이룩될 것이다.

……(하략)……

황준헌, 「조선책략」

💬 위 사료에 나타난 주장의 위험성에 대해 토론해 봅시   Post ✈
다.

Show: All classes   ▼

Response...

4. 엣지(Edji) 쉽게 사용하기

① [로그인] 엣지 홈페이지(https://Edji.it)에 접속하여 회원 가입한다. 기존에 사용 중인 개인 메일 계정으로 가입할 수 있다.

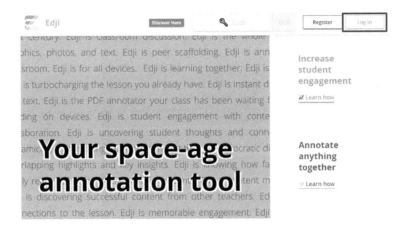

② [과제 생성] 사료학습을 위해 'New Reading'을 클릭한다.

③ [과제 입력] 학생에게 제공할 과제를 입력한다. 읽기 자료는 텍스트를 직접 입력해도 되고, 이미지나 PDF 파일을 업로드할 수도 있다. 출처는 옵션 사항으로 입력하지 않아도 무방하다.

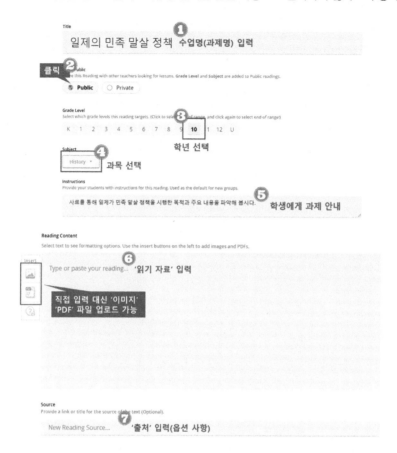

④ [문제 입력] 〈제3차 조선 교육령〉 사료를 텍스트로 입력한 화면이다. 이어 문제를 입력하기 위해 하단의 'QUESTION'을 클릭한다.

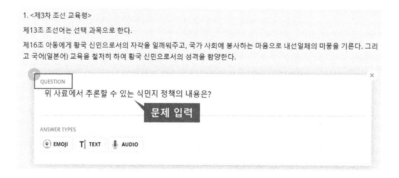

⑤ [과제 확인] 제시문 작성을 완료한 후, 상단의 'Preview'를 클릭하여 학생이 보게 될 화면으로 확인할 수 있다.

⑥ [공유하기] 학생에게 과제를 공유하기 위하여 'Share'를 클릭한다. 과제를 공유할 그룹을 선택한 후 '코드' 혹은 '링크 복사'를 통해 공유한다.

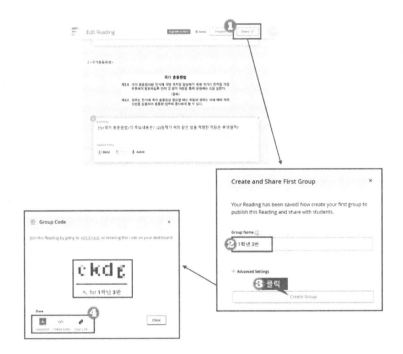

⑦ [참고] 학생의 과제 수행

(가) 학생은 'ADD ANSWER'를 클릭하여 답변을 입력하고, 'Save'를 클릭하여 저장할 수 있다.

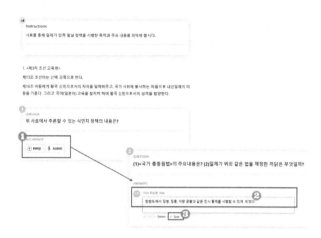

(나) 읽기 텍스트에서 중요한 부분은 형광펜 기능으로 하이라이트할 수 있고, 하이라이트 부분에
는 별도의 주석(메모)을 기록할 수 있다.

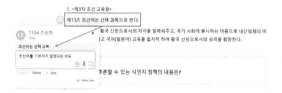

(다) 읽기 과정이 끝난 후, 학생은 자신이 기록한 하이라이트와 메모를 전체적으로 보고 사료를
비판하고 추론하면서 과제를 수행한다.

06.

▦ 네컷만화

×

4컷의 그림에
역사를 담다.

1. '네컷만화'란?

네컷만화는 글을 쓰면 AI가 자동으로 만화를 그려주는 만화 플랫폼이다. '기-승-전-결'의 단 4컷으로 구성되는데, 학생이 대사를 입력하면 글의 내용을 AI가 인식하여 등장인물의 표정과 동작을 자동으로 표현해 준다. 따라서 학생은 학습한 내용을 아이디어가 담긴 언어적 표현만으로, 자신의 개성이 담긴 4컷의 만화를 간단하게 제작할 수 있다.

2. 네컷만화로 수업하기

2.1. 수업 적용 분야

네컷만화는 만화 그리기의 형식을 취하고 있지만 그림 그리기 재능이 필요한 것은 아니다. 오히려 내용과 구성에 대한 아이디어, 언어 표현이 만화의 완성도에 중요하게 작용한다. 그러므로 학생들이 학습 주제를 창의적으로 표현하거나 학습한 내용을 정리할 때, 혹은 탐구 주제를 발표하는 장면 등에서 재미있고 함축적인 방식으로 활용할 수 있다.

2.2. 수업 사례

<나는 역사웹툰 작가, 단 4컷으로 표현한다>

수업 개요

만화를 단순히 수업을 보조하는 수단이 아닌 학습한 내용을 구성하고 정리하는 능동적 수단으로 활용하고자 하였다. 수업에서 만화의 활용은 학생들의 호기심과 높은 동기를 유발한다. 또 학생들은 4컷의 만화를 구성하는 과정에서 역사적 사고력과 상상력을 동원함과 동시에 창의성을 발휘하게 된다. 이러한 측면에서 네컷만화 활용 수업은 학생들이 학습 내용을 정리하고 기억하는데 있어서 효과적이다.

수업의 흐름	
도입	역사만화? 역사만화!
활동(1)	4컷 만화 제작 사전활동 (제작 계획서 작성)
활동(2)	학습내용을 4컷의 만화로 표현하기 (네컷만화 활용)
정리	패들렛을 통한 상호 공유 및 내용 정리

수업의 실제

도입

▶ 만화를 통해 역사적 사건을 표현하고 있는 사례를 칠판의 화면을 통해 간략히 소개하면서 학생들의 흥미를 유발한다.

<table>
<tr><td>출처 : 위즈덤하우스</td><td>출처 : 김영사</td></tr>
</table>

출처 : 위즈덤하우스　　　　출처 : 김영사

▶ 김홍도의 '씨름'이 담긴 활동지를 나누어주고, 말풍선을 넣어보도록 한다.

▶ 네컷만화를 활용하는 수업의 진행 과정 및 간단 사용법을 안내한다.

TEACHING TIP

◆ 시간을 절약하고 수업의 원활한 진행을 위해 네컷만화 앱은 사전에 설치하는 것이 좋다.

◆ 앱의 사용법 지도는 5분 정도면 충분하다. 학생들이 앱을 실행시켜 직접 실습을 해보도록 할 수도 있지만, 교사가 자신의 앱을 실행하여 칠판 화면에 보여주면서 사용법을 간단히 설명해 주는 것만으로도 충분하다.

◆ 앱이 어떤 방식으로 구동되는지 학생들이 사전에 알고 있어야 전개 단계의 〈시나리오 구성 및 계획서 작성〉에 도움이 된다.

> 전개

활동(1) : 4컷 만화 제작 사전활동_시나리오 구성

▶ 4컷의 만화를 제작하기 위한 사전 작업으로 학생들에게 활동지를 나누어주고 시나리오를 구성하여 작성하도록 한다. 만화 시나리오의 구성은 다음의 단계를 참고한다.

① 학습내용 중 4컷 만화에서 다룰 주제 선정

② 스토리 기획(이야기와 캐릭터 구상)

③ 로그라인(이야기를 설명하는 한 문장으로 요약된 줄거리) 작성

④ 이미지 콘티(등장 캐릭터, 대사, 말풍선의 위치 등) 작성

4컷만화 제작 계획서

만화 주제		
스토리	주된 이야기	
	등장 캐릭터	
로그라인		
이미지 콘티		

TEACHING TIP

◆ 이미지 콘티는 4컷 만화의 구성을 위해 등장 캐릭터와 말풍선의 위치, 만화 배경 등의 아이디어를 간략하게 표현하도록 한다.

◆ 실제 만화는 네컷만화 앱을 통해 제작하게 된다. 따라서 이미지 콘티 작성시 표현적인 요소(그림)보다는 내용적인 측면에 집중하여 작성하도록 지도하는 것이 좋다.

활동(2) : 4컷 만화 제작 활동

▶ 네컷만화 앱을 실행시킨 후 자신이 작성한 시나리오를 바탕으로 만화를 제작한다.

TEACHING TIP

◆ 앱은 매우 간단하게 구성되어 있어서 학생들은 몇 번의 조작만으로 쉽게 사용법을 익힐 수 있다. 그러나 교사는 순회 지도를 통해서 앱의 사용에 어려움을 겪고 있는 학생은 없는지 살피고, 필요한 경우 적절한 도움을 주어야 한다.

◆ 만화를 제작하는 과정에서 학생들은 높은 흥미를 갖고 활동에 참여하게 된다. 교사는 학생들이 표현 요소(만화 그리기)보다는 내용 요소(학습 내용)에 집중하게 함으로써 교수·학습의 효과를 보다 높일 수 있다.

◆ 역사적 사실을 자신만의 독특한 아이디어로 창의적으로 구현해 보도록 격려하면 더욱 좋은 작품이 만들어진다.

정리

▶ 각자 제작한 작품(4컷 만화)을 패들렛을 통해 공유한다. 교사는 학생들과 함께 칠판에 나타난 작품들을 감상하고, 학습 내용을 요약·정리한다.

〈수업 결과물〉

3. 네컷만화 더[+] 활용하기

● 네컷만화 앱은 구글 플레이스토어에서 검색하여 설치할 수 있다. 현재 앱스토어(애플)에서는 제공되지 않고 있다. 따라서 수업 이전에 애플 기기를 사용하는 학생들에게는 별도의 기기를 대여하는 등의 대안이 마련되어야 한다.

● 시나리오가 사전에 준비되어 있다면 학생들이 네컷만화를 활용하여 한 편의 4컷 만화를 제작하는데 10분이면 충분하다.

● 이 활동이 익숙하지 않은 학생들에게는 교사가 예시를 선택적으로 제공하는 등 어려움을 조력함으로써 수업에 적극적으로 참여하도록 유도한다.

● 만화 제작시 앱에서 제공하는 캐릭터만 사용해서 만화를 완성할 수 있다. 그러나 만화의 배경은 '불러오기' 메뉴를 통해서 학생이 직접 그린 그림을 사용하거나 인터넷 상의 다양한 이미지를 활용하여 보다 개성있는 만화를 구현할 수 있다.

● 네컷만화 앱에는 동영상 보기 기능이 있다. 따라서 완성된 작품을 짧은 동영상으로 만들어 공유하는 것도 좋은데, 특히 제작한 만화가 움직이는 애니메이션 형태로 전개되어 역사교육용 도구로써 활용도가 높다.

● 네컷만화에 등장하는 캐릭터는 가입시 지급되는 포인트로 구입할 수 있다. 그러나 현재는 대부분의 캐릭터가 무료로 제공되고 있어 별도의 구입없이 활용할 수 있다.

● 네컷만화 앱은 수업 내용을 정리하거나 학생의 발표 활동에도 사용할 수 있으며, 학생들이 제작한 만화를 출력하여 교실이나 교내 게시판에 부착하는 것도 효과가 좋다.

4. 네컷만화 쉽게 사용하기

① [로그인] 네컷만화 앱을 실행시키고 로그인한다. 구글 계정 등으로 간편하게 로그인할 수 있다.

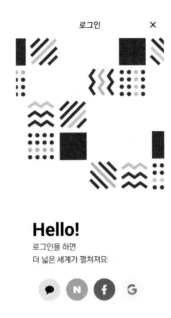

② [제작 실행] 로그인 후 첫 실행화면이다. 하단의 메뉴에서 '+'(만들기)를 터치하여 만화 제작을 시작한다.

③ [만화 제작] 4컷 중 첫 번째 컷의 만화를 제작하는 단계이다. 기본 레이아웃에 캐릭터가 등장해 있다. 하단의 글상자에 내용을 입력하면 AI가 인식하여 자동으로 캐릭터의 표정과 동작을 바꾸어 표현해 준다.

〈예시〉 글상자에 내용을 입력한 화면

④ [배경 설정] 우측 메뉴의 '배경'을 터치하여 다양한 배경으로 변경할 수 있다. 추천 배경 중 선택할 수도 있고 '직접 업로드'를 선택할 수도 있다. '직접 업로드'를 선택한 경우에는 스마트폰에 저장된 이미지를 선택하여 배경을 바꿀 수 있다.

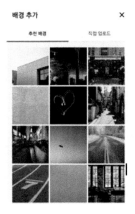

〈예시〉 추천 배경을 활용한 그림의 배경 변경

⑤ [캐릭터 위치] 우측 메뉴의 '위치'를 터치하여 캐릭터의 위치와 크기를 다양하게 변경할 수 있다. '위치' 메뉴를 터치하면서 원하는 장면을 선택한다.

⑥ [캐릭터 종류] 하단 메뉴의 '캐릭터'를 터치하면 레이아웃에 등장하는 캐릭터의 종류를 변경할 수 있다.

또 를 터치하여 두 번째 캐릭터를 등장시킬 수도 있다. 두 번째 캐릭터 역시 다양한 캐릭터로 변경할 수 있다.

⑦ [캐릭터 동작] 하단 메뉴의 '표정'을 터치하면 레이아웃에 등장하는 캐릭터의 표정을 변경할 수 있다. 다른 표정을 선택하면 변경된 표정에 따라 캐릭터의 동작도 동시에 변경된다.

⑧ [말풍선 입력] 하단 메뉴의 '캐릭터'를 선택한 상태에서 글을 입력하면 레이아웃에 말풍선이 나타난다.

⑨ [설명글 입력] 대화가 아닌 설명글이 필요할 경우에는 ▤를 터치한다. 상단에 새로운 영역이 생기면서 설명글을 작성할 수 있다.

⑩ [스타일 변경] 마지막으로 우측 메뉴의 '스타일'을 터치하면, 대화글의 '연출 스타일'을 바꿀 수 있다.

마찬가지로 설명글에서 '스타일'을 터치하면 '프레임 스타일'을 다양한 형태로 변경할 수 있다.

⑪ [완성하기] 위와 같은 기능을 활용하여 4컷의 만화를 완성한다. 만화가 완성되었으면 '완료'를 터치한다.

⑫ [공유하기] 만화의 제목을 넣은 후 '게시'를 터치하면 다운로드할 수 있으며, 여러 가지 방법으로 공유할 수 있다. '임시저장'을 터치한 후 내용을 수정할 수도 있다.

07.

 캔바(CANVA)

✕

실시간 협업으로
역사를 디자인하다.

1. '캔바(CANVA)'란?

캔바는 별도의 프로그램을 설치할 필요가 없는 웹기반의 그래픽 디자인 플랫폼이다. 캔바는 수많은 종류의 디자인 템플릿과 소스, 요소를 제공하고 있다. 따라서 문서, 프레젠테이션, 포스터에서 썸네일이나 유튜브 채널 아트 등에 이르기까지 다양한 시각 콘텐츠를 간편하게 제작할 수 있다. 교사·학생은 자신이 만들고자 하는 목적에 맞는 템플릿을 선택하여 재가공함으로써 전문적인 디자인 작업을 쉽고 편리하게 수행할 수 있다.

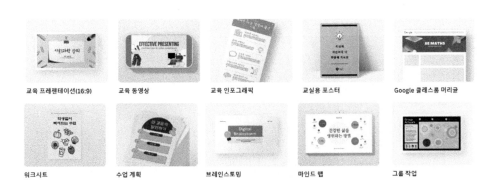

교육 프레젠테이션(16:9)   교육 동영상   교육 인포그래픽   교실용 포스터   Google 클래스룸 머리글

워크시트   수업 계획   브레인스토밍   마인드 맵   그룹 작업

2. 캔바(CANVA)로 수업하기

2.1. 수업 적용 분야

캔바를 활용하여 문서나 프레젠테이션, 카드 뉴스, 뉴스 기사, 포스터, 브로셔, 썸네일 등 여러 종류의 디자인 작업을 간편하게 수행할 수 있다. 따라서 교사는 학습 내용의 정리나 발표, 포트폴리오 제작 등 거의 모든 형태의 학습에 적용하여 풍요롭고 다채로운 수업을 진행할 수 있다.

학생들은 캔바에서 실시간으로 협업하면서 프로젝트를 진행할 수도 있고, 교사는 학생들의 활동을 모니터하면서 피드백할 수 있다. 그리고 이 모든 캔바의 유료 기능(캔바 pro)은 교사 인증을 통해 무료로 사용할 수 있기에 더욱 매력적이다.

절대왕정 군주 카톡 프로필

신문왕 홍보 포스터

워크시트(학습지)

구석기 시대 유튜브 썸네일

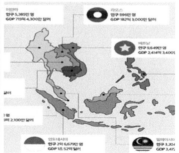
동남아시아 인포그래픽

2.2. 수업 사례

〈캔바를 활용한 모둠별 역사신문 만들기〉

수업 개요

과거를 이해하기 위해, 그 시점으로 돌아가서 과거 사람들이 했던 생각과 행동을 미루어 짐작해 볼 수 있지 않을까? 바로 추체험을 통한 역사이해다. 이번 수업에서는 역사신문 제작 활동을 통해 학생들이 과거 인물·사건을 자기 신변의 것으로 인식하게 함으로써 당시 상황에 대한 공감대를 높이고자 했다. 더불어 역사신문 제작 과정에서 자료를 조사하고 수집·선별하며 글을 쓰는 종합적인 과정을 통해 고등 사고 능력을 배양할 수 있도록 했다.

수업의 흐름	
도입	내가 태어난 해에는 어떤 일이?
활동(1)	모둠별 역사신문 제작 계획 수립
활동(2)	캔바를 활용한 역사신문 만들기
정리	모둠별로 제작한 역사신문 공유하기

수업의 실제

도입

▶ 내가 태어난 해에는 어떤 일이?

● 학생들의 출생연도에 해당하는 신문 기사나 광고를 칠판의 화면에 제시하여 흥미를 유발한다.

▶ 신문 지면의 구성에 대해 간략히 설명하고, 캔바를 활용할 수업 전개 과정에 대해 안내한다.

TEACHING TIP

캔바는 사용이 쉽고, 학생들은 미리캔버스와 같은 유사한 프로그램의 사용 경험이 있는 경우가 많다. 따라서 캔바 사용법 보다는 신문 기사를 많이 접해보지 않은 요즘 학생들을 위해 기사의 여러 형태와 신문 구성 요소(광고, 삽화, 독자투고 등)를 실제 신문의 각 지면을 보여주면서 설명해 주는 것이 좋다.

전개

(1) 모둠 활동(1) : 역사신문 제작 계획 수립

▶ 각 모둠별로 다음의 과정에 따라 역사신문 제작 계획을 수립한다.

① 주제 선정 : 학습한 내용을 바탕으로 신문에서 어떠한 내용을 중점적으로 다룰 것인지 주제를 정한다.

② 자료 수집 : 교과서, 참고서적, 인터넷 등을 활용하여 텍스트, 이미지 등의 자료를 수집한다.

③ 편집 회의

1) 수집한 자료를 바탕으로 기사로 작성할 내용과 이미지를 선정한다.

2) 신문에 삽입할 구성 요소(예를 들어 만평, 광고, 독자투고 등)를 선정한다.

3) 신문 지면의 구성(기사 제목, 기사 내용, 만평, 광고 등의 크기와 배치)을 결정한다.

4) 기사 작성, 이미지 삽입, 만평 제작, 광고 제작, 편집 등 신문 구성 요소별로 제작 담당자(모둠내 역할분담)를 정한다.

TEACHING TIP

◆ 다양한 자료를 최대한 수집하여 충분한 배경 지식을 갖출수록 역사신문 제작의 교육적 효과가 높아진다.

◆ 수집한 자료를 시기 순과 같은 기준으로 사건 목록을 작성하게 한다. 이렇게 하면 신문에 작성할 기사를 선정하고 지면을 구성할 때 도움이 된다.

◆ 편집회의에서 신문의 이름과 함께 헤드라인 기사를 선정하도록 한다.

◆ 신문의 제작 과정에는 글을 쓰고 그림을 그리고, 지면을 구성(디자인)하는 등의 다양한 역할이 필요하다. 모둠별로 각 학생의 선호와 장기가 반영되어 역할 분담이 이루어질 수 있도록 지도한다.

◆ 교사가 학습 주제를 일정한 시기별로 구분하여 제시하고, 모둠별로 원하는 시기를 달리 선택하여 제작하도록 할 수도 있다. 이렇게 수업을 진행하면 해당 시기의 주요 역사적 사건을 포괄하는 포트폴리오 형태의 성과물이 산출된다.

(2) 모둠 활동(2) : 역사신문 만들기

▶ 교사는 캔바에 접속하여 협업할 수 있는 링크를 각 모둠에 전송한다.

▶ 학생들은 교사가 전송한 링크를 통해 캔바에 접속하여 역사신문을 제작한다.

※ 학생들은 각자의 컴퓨터로 작업하지만, 캔바의 실시간 협업기능을 통해 동일한 페이지를 여러 명의 학생이 동시에 작업하는 협력활동이 이루어진다.

학생들이 같은 페이지를 동시에 제작하고 있는 화면 (현재 타이핑 중인 학생의 이름이 각각 표시됨)

◆ 교사는 신문 제작에 사용할 기본 템플릿을 사전에 준비해서 제공하는 것이 좋다. 이는 신문 구성 요소를 학생들이 참고할 수 있게 하고, 신문의 레이아웃을 만들어야 하는 시간 낭비를 줄여준다.

  (시간적인 여유가 확보된다면 템플릿의 선정 단계부터 학생들이 진행하는 것도 좋다. 이렇게 하면 각 모둠별로 다양하고 독창적인 형태의 신문이 제작될 수 있다)

◆ [기사 작성] 기사는 육하원칙에 맞게 쓰되, 사건이 발생한 직후에 기사를 작성한다고 가정하고 기사를 쓰도록 한다. 역사신문은 그 시대를 살아가는 사람의 입장에서 기사를 작성하는 것이 포인트이므로, 서술 시점을 현재로 해야 한다.

◆ [기사 작성] 기사의 내용을 효과적으로 전달할 수 있도록 그림, 사진, 도표 등을 적절히 활용하도록 안내한다.

◆ [인터뷰 기사] 인터뷰는 대화형이나 줄글 형식으로 작성할 수 있는데, 대상 인물이 반드시 실존 인물일 필요는 없으며 당시 상황을 잘 나타낼 수 있는 가상의 인물로 설정해도 된다.

◆ [신문 광고] 신문에 광고를 만들어 삽입할 경우 시대적 배경에 부합하도록 주의해야 하며, 광고를 통해 당시의 생활상을 나타내 보도록 지도한다.

▶ 최종 편집하기 : 모둠별 회의를 통해 신문 지면을 최종 완성한다.

  ① 제목, 기사, 만평, 광고 등의 지면상 위치을 정하고, 기사 등 구성 요소를 삽입하여 배열한다.

  ② 기사의 중요도와 내용을 검토하면서 기사 분량이나 지면의 배치를 수정한다.

중요한 기사는 맨 앞에 배치하도록 안내하고, 특히 헤드라인 선정에 주의를 기울이도록 지도한다.

정리

▶ 각 모둠별로 제작한 신문을 패들렛을 통해 공유한다.

〈수업 결과물〉

3. 캔바(CANVA) 더[+] 활용하기

● 캔바의 다양한 기능을 수업에 활용하기 위해서는 캔바 pro(유료)를 사용해야 한다. 다행
히 교사는 '교사 인증'을 통해 캔바의 유료서비스를 이용할 수 있다. 따라서 교사는 수업 전
에 캔바의 계정을 교육자 계정으로 전환하여 해당 권한을 갖고 있어야 한다.

※ 교육자 계정 전환 방법은 p.117참조

● 캔바는 웹기반의 프로그램으로 PC와 모바일 등을 통해 인터넷 접속이 가능한 환경이라면 사실상 언제, 어디에서나 작업이 가능하다.

● 캔바를 사용할 경우에는 스마트폰이나 태블릿보다는 PC의 큰 화면에서 마우스를 직접 클릭하면서 사용하는 것을 권장한다. 작은 화면에서는 디자인과 편집이 다소 불편하며, 세세한 부분의 작업이 어렵다.

● 캔바는 작업 내용이 실시간 자동 저장 되는 기능이 있어, 작업의 중간중간 저장할 필요가 없어 편리하다.

● 캔바의 화이트 보드 기능을 이용하면 브레인스토밍과 같은 학생들의 활발한 상호교류와 아이디어 협업 활동을 촉진할 수 있다.

● 캔바는 수업 뿐만 아니라 가정통신문, 행사 포스터, 현수막 제작 등 학교 업무의 다양한 영역에서 유용하게 활용할 수 있다.

| 워크시트(학습지) | 교내 행사 포스터 | 학생 자기소개 | 교내 행사 현수막 |

4. 캔바(CANVA) 쉽게 사용하기

〈캔바 교사용 계정 만들기〉

① 캔바 홈페이지에 접속한 후 우측 상단의 '가입'을 클릭한다. 구글 계정이 있다면 간편하게 가입할 수 있다.

② 로그인 후 상단의 '교육' 메뉴를 클릭한다.

③ 이름, 학교명과 같은 간단한 정보를 입력한 후 교사를 증빙할 수 있는 서류를 업로드한다. 서류 심사는 2일 내외의 시간이 소요되는데, 심사 결과는 메일로 통보되며 승인 메일을 받는 즉시 교육용 계정을 사용할 수 있다.

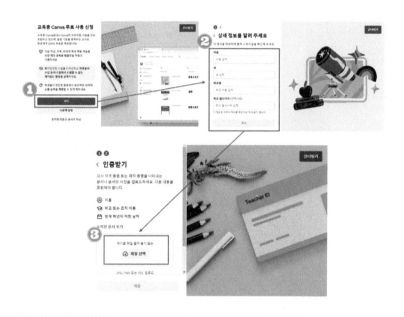

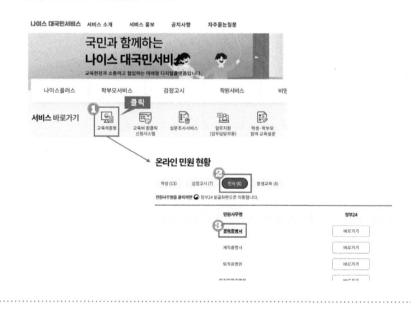

〈모둠활동을 통한 역사신문 만들기〉

교사가 역사신문의 템플릿(신면 지면 구성)을 제작한 후, 학생들이 이를 사용하여 신문을 만들 수 있도록 공유하는 과정을 살펴본다.

① 학생에게 공유할 기본 양식을 제작하기 위해 '템플릿'을 클릭한다.

※ 다양한 분류기준을 제공하고 있어 원하는 템플릿을 찾아 선택할 수 있다. 상단의 검색창에서 키워드를 통한 직접 검색도 가능하다.

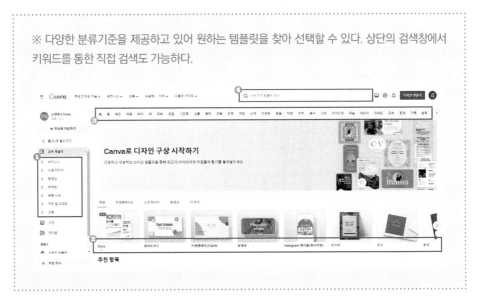

※ 예시 : 템플릿 검색 키워드로 '신문'을 입력한 결과

② 일반적으로는 기존의 템플릿 편집하여 사용한다. 여기서는 간단 사용법을 알아보기 위해 빈 여백의 템플릿에 역사신문의 틀을 직접 만드는 과정을 소개한다. 빈 여백의 템플릿을 선택하여 불러오기한다.

③ [텍스트 입력] 좌측 메뉴에서 텍스트 상자를 삽입하고, 서식을 변경하며 원하는 위치로 옮겨
   준다.

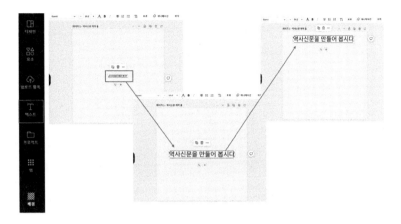

④ 기사를 배치할 공간 구획을 위해 도형을 삽입한다.

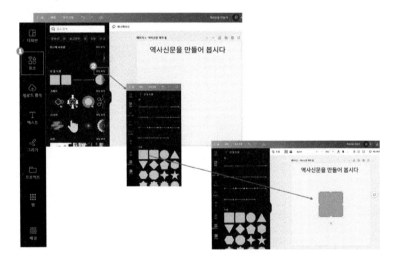

⑤ [템플릿 디자인] 좌측 메뉴를 통해 템플릿 배경, 텍스트 서식, 각종 요소 삽입, 이미지 업로드 등을 할 수 있다. 원하는 형태로 템플릿을 디자인한다.

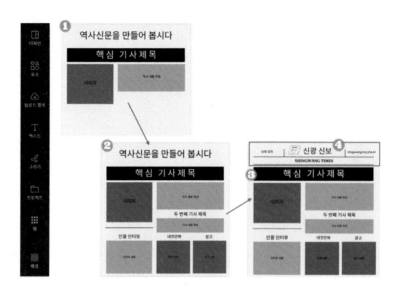

참고
캔바의 우측 주요 메뉴 구성

| 텍스트 | 요소
(도형 등) | 파일 업로드 | 배경 |

⑥ [공유하기] '공유'를 클릭하여 학생들이 편집 가능하도록 권한을 변경한 후, 링크를 복사하여 전달한다.

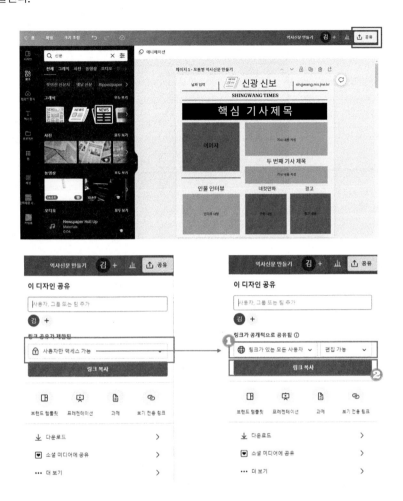

08.

⧈ 키알로 에듀

×

'글'로
토론 수업을 하다.

1. '키알로 에듀(kialoedu)'란?

키알로 에듀는 원격 토론의 장점을 극대화하여 온라인에서 토론을 진행할 수 있도록 구축된 플랫폼이다. 키알로 에듀는 시각적으로 구조화된 형식을 통해 학생들의 논리적 토론을 촉진한다. 또 교사로 하여금 토론 수업을 주저하게 만드는 몇몇 장애요인을 제거함으로써 토론 수업에 대한 접근성을 높이고 학생들의 활발한 토론 참여를 유도한다. 따라서 키알로 에듀는 온라인의 비대면 상황 뿐 아니라 대면 수업에서도 유용하게 활용할 수 있다.

▶ 장면 ① : 학생은 자신의 주장을 입력하고 근거를 제시할 수 있으며, 추가 · 수정 · 편집할 수 있음.

▶ 장면 ② : 상대방의 주장에 논박하고, 각각의 주장에 대한 평가도 할 수 있음.

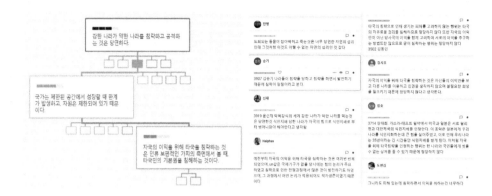

▶ 장면 ③ : 토론 진행 상황은 실시간 대화형의 트리로 제공되며, 학생은 토폴로지 다이
어그램을 통해 전체 토론 과정을 한 눈에 확인할 수 있음.

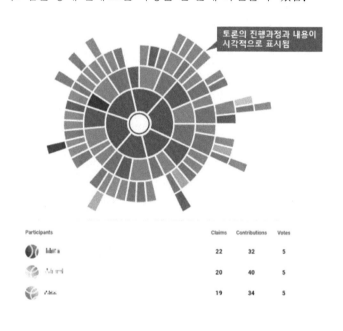

▶ 장면 ④ : 교사는 토론 진행 상황을 모니터링하면서 개별 학생에게 피드백을 제공할 수 있음. 토론 수업 종료 후 토론의 모든 과정과 결과는 파일로 저장할 수 있으며, 평가자료로 활용 가능함.

2. 키알로 에듀(kialoedu)로 수업하기

2.1. 수업 적용 분야

SNS를 통한 의사소통이 일상적인 학생들은 원격 도구를 활용한 토론 수업에 쉽게 적응한다. 키알로 에듀는 교사가 토론 수업을 주저하게 만드는, 예를들면 자리의 이동과 배치의 번거로움, 발표에 대한 두려움을 가진 학생들의 소극적인 참여, 다수가 동시에 발표할 경우의 산만함과 내용 정리의 곤란 등과 같은 장애요인을 극복할 수 있게 한다. 따라서 대면 수업 상황에서도 학생들의 토론을 활발하게 촉진할 수 있으며, 역사수업에 토론을 적극 들여놓을 수 있다.

2.2. 수업 사례

〈토론 : 제국주의와 사회진화론〉

수업 개요

이번 수업은 플립러닝으로 설계하였다. 교사는 제국주의 및 사회진화론과 관련한 디딤 영상과 디딤 활동지를 제작하여 수업 전 학생에게 제공한다. 학생들은 이를 학습한 후, 본 수업 과정에서 제국주의와 사회진화론에 대한 찬반 토론을 진행한다. 토론은 학급 전체 구성원이 참여하며 키알로 에듀를 토론 도구로 사용한다.

학생들 간 의사소통(토론)은 텍스트를 통해 이뤄진다. 따라서 학생들은 다양한 주장을 저마다의 속도에 맞추어 세심하게 살피면서, 타인의 주장을 점검해 보고 자기 주장을 다져나가게 된다. 학생들의 논리가 구축되는 과정은 구체적인 텍스트 자료로 확인되는데, 교사는 실시간으로 토론 진행 상황을 점검하면서 개별적으로 피드백한다.

수업의 흐름	
수업 이전	디딤 영상 및 디딤 활동지를 제작하여 제공
도입	사전 지식 점검 및 수업 진행 안내
전개	학급 전체 토론 실시(키알로 에듀)
정리	토론 활동 정리 및 평가

수업의 실제

수업 전 단계

▶ 제국주의와 사회진화론에 대한 디딤 영상과 디딤 활동지를 제작한다.

▶ 디딤 영상과 디딤 활동지는 구글 클래스룸을 통해 과제로 제공하고, 학생들은 가정에서
(또는 방과 후) 본 수업과 관련된 배경 지식을 쌓고 활동지를 작성한다.

TEACHING TIP

◆ 구글 클래스룸을 사용하지 않는다면 디딤 활동지에 QR 코드를 삽입하여 학생들이 디딤 영
상에 접근할 수 있도록 해도 된다.

◆ 수업 전 과제는 최소 일주일 전에 안내해야 한다. 또한 영상 자료의 길이는 약 10분 정도로
너무 길지 않도록 하는 것이 효과적이다.

◆ 과제를 집에서 해결하기 힘든 학생들이 있을 수 있다. 이 경우 학교에서 동영상을 시청할
수 있는 공간과 방법을 마련해 주고 스스로 과제를 해결하고 갈 수 있도록 배려해야 한다.

[도입] - 사전 지식 점검 및 수업 진행 방법 안내

▶ 간단한 퀴즈를 통해 학생들의 사전 지식을 점검하고, 디딤 영상의 내용을 다시 한번 간
략히 요약하여 설명한다.

◆ 본격적인 토론에 앞서 학생들의 사전 지식을 점검하고 보충하는 과정이 필수적이다.

◆ 퀴즈는 멘티미터(13편 참조)나 Puzzel. org(14편 참조) 등을 활용하여 진행할 수 있다.

▶ 전반적인 수업 진행 과정과 키알로 에듀의 간단 사용법을 안내한다.

학생들이 기존에 접해보지 못한 낯선 프로그램의 경우, 교사는 사용법 안내와 더불어 패들렛의 '담벼락'에 간단 사용법을 게시하여 칠판의 화면에 띄워놓는 것도 효과적이다.

[전개] – 학급 전체 토론

▶ 학생들은 교사에게 공유받은 주소를 통해 키알로 에듀에 접속한다.

▶ 논제를 확인한 후, 찬성과 반대 중 자신의 입장을 정해 학급 전체 토론을 진행한다.

토론의 진행 과정

① 주장 펼치기

◆ 자신의 의견을 설득력있게 제시하기

◆ 자신의 주장을 뒷받침할 수 있는 논리적이고 타당한 근거 제시하기

② 수용 · 반론 펼치기

◆ 상대방의 주장을 읽고 타당성 등을 평가하기

◆ 상대방의 반론에 대하여 수용하기 또는 상대방의 주장과 증거에 대한 오류와 약점 지적하면서 반론하기

③ 주장 다지기

◆ 반론 과정을 반영하여 자신의 타당한 주장을 부각하고 부족한 점을 수정하는 등 주장 재구성하기

◆ 키알로 에듀를 활용한 텍스트 토론은 학생이 친구들의 주목을 받으며 말하는 것에 대한 정의적 부담감을 낮출 수 있다. 따라서 평소 말이 없던 학생도 토론에 활발하게 참여하는 모습을 경험할 수 있다.

◆ 일반적인 모둠 토론은 소통할 수 있는 동료가 한정되어 있으나, 키알로 에듀를 통한 토론에서는 학급내 모든 학생과 일대일로 소통이 가능하다. 또한 시간적, 공간적 제약을 받지 않기 때문에 경우에 따라서는 교실 단위를 넘어 학급간 토론도 가능하다.

◆ 학생 간 의사소통은 텍스트를 통해 이뤄지기 때문에 논리적인 토론 능력을 향상시키기에 좋으며, 학생들은 저마다의 속도에 맞추어 논쟁에 대해 탐구하게 된다.

◆ 학생들의 토론과 지식의 구성 과정이 모두 구체적인 자료로 기록된다. 따라서 학생은 스스로의 활동을 점검할 수 있으며, 교사는 과정 중심 평가 자료로 활용할 수 있다.

◆ 교사는 토론 진행 과정과 각 주장의 내용을 살피면서 전체 또는 개별 학생에게 적절한 조언과 피드백을 제공한다.

정리

▶ 교사는 토론 활동과 내용을 종합적으로 정리하고, 학생은 자기평가를 통해 수업 과정에서의 수행을 성찰한다.

◆ 토폴로지 다이어그램 등의 기능을 활용하여 교사가 토론의 전체 진행 과정을 시각적인 형태로 보여주면서 수업 내용을 정리해 주면 더욱 좋다.

◆ 수업 전 디딤 영상을 통한 수업 준비 과정, 토론시 주장에 대한 자기 평가, 토론 참여 태도 등 전반적인 과정을 스스로 돌아보면서 보다 발전된 방향으로 성장할 수 있도록 지도한다.

- 자기 평가 -

논제 : 자국의 이익을 위해 타국을 침략(침략 행위를 용인)하는 것은 정당하다.

1. 토론 이전의 나의 생각

2. 토론 이후의 나의 생각

3. 자가 진단

구분	평가 기준	평가		
		상	중	하
토론 준비를 하면서	디딤 영상과 디딤 자료를 충실히 살펴보았는가?			
	수업 주제를 적극적으로 탐구하여 준비하였는가?			
토론 활동을 하면서	본인의 의견을 설득력있게 제시하였는가?			
	토론 내용이 사실과 그거에 기준하였는가?			
	토론 활동에 적극적으로 참여했는가?			
토론 활동을 마치고	토론을 통해 새롭게 배우거나 깨달은 내용이 있는가?			

3. 키알로 에듀(kialoedu) 더⁺ 잘 쓰기

● 토론의 과정과 내용은 키알로 에듀에서 '트리(tree)' 형태로 찬반의견이 명확하게 시각화된다. 이를 참고하여 학생들에게 자신의 주장만 하지 말고 다른 친구의 주장을 자세히 살피고, 급우의 주장 아래에 찬성 혹은 반대의 주장을 추가하도록 지도한다. 이를 통해 학생 간 상호작용과 토론이 훨씬 활발하게 진행될 수 있다.

● 주장을 작성할 때 가급적이면 '링크ㆍ출처 삽입' 기능을 사용하도록 하는 것이 좋다. 이는 학생들이 토론을 할 때 명확한 근거를 제시하도록 함으로써 사실적 논리에 기반한 토론이 이뤄질 수 있게 한다.

● 학생들을 토론에 참여시키는 방법으로는 링크 공유가 편리하다. 단, 링크 공유를 활성화하면 키알로 에듀에 로그인하지 않은 사람을 포함하여 링크를 가진 모든 사람이 토론방에 접근할 수 있다. 교사는 '링크 활성화ㆍ비활성화 기능'을 이용하여 토론 시간을 설정하고 토

론방에 대한 접근을 통제할 수 있다.

● 토론에 참가하는 학생에게 4가지 유형(작성자, 편집자, 제안자, 뷰어)의 권한을 부여할 수 있는데, 학생에게는 '작성자' 권한을 부여한다. '작성자' 권한을 가진 학생은 자신의 주장을 입력하고 추가 · 편집할 수 있으며, 다른 학생의 주장에 의견을 남길 수 있다. 참고로 '편집자' 권한은 교사가 갖고 있어야 하며, '뷰어' 권한은 토론에 참여하는 것이 아니라 기존에 진행된 토론 수업의 내용을 볼 수만 있다. '뷰어' 권한은 다른 학생들에게 토론 수업의 안내 혹은 교육 용도로 사용할 때 유용하다.

● 특정 사안에 대한 토론 시 학생들의 가감없는 솔직한 의견을 듣고 싶은 경우에는 토론 참가자 설정을 '익명'으로 할 수 있다. 교사가 '익명 설정'을 실행시키면 토론에 참가하는 학생들에게는 무작위로 동물 이름(예 : Blue Dolphin, Purple Penguin)이 배정되며 학생은 그 이름으로 토론에 참여하게 된다.

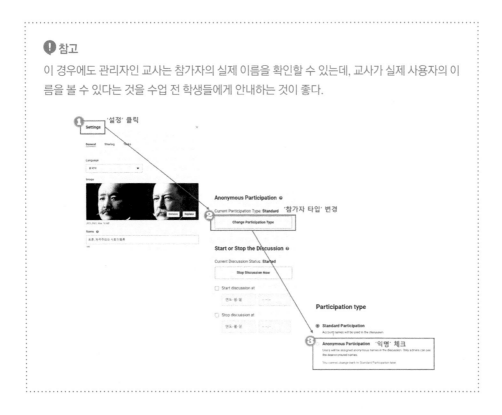

4. 키알로 에듀(kialoedu) 쉽게 사용하기

① [로그인] 구글 검색창에서 키알로 에듀(https://www.kialo-edu.com)를 입력하여 사이트에 접속한다. 구글 계정으로 간편하게 로그인할 수 있다.

② [과제 생성] 토론방을 만들기 위해 'Create Discussion'을 클릭한 후, 토론 유형을 결정한다.

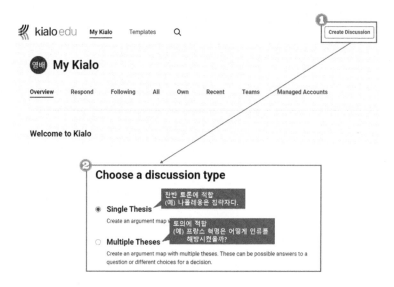

③ [토론 과제] 만들고자 하는 토론의 세부 사항(토론 제목, 사용 언어 등)을 설정한다.

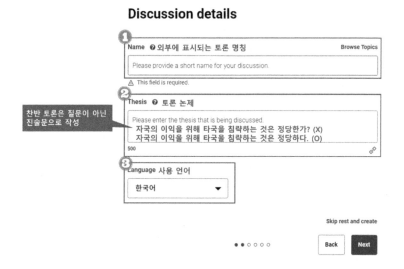

④ 토론에 참여하는 참가자의 조건을 설정한다.

⑤ 옵션 사항을 설정한다. 토론과 관련된 이미지나 부가적인 설명을 입력할 수 있지만 아무것도 입력하지 않아도 무방하다.

⑥ 학생들에게 토론 진행 시 구체적인 과제(예 : 다른 학생의 주장에 3회 이상 논박하기)를 부여할 수 있다. 여기에서는 별도의 과제를 부여하지 않고 'Create'를 클릭하여 토론방을 만든다.

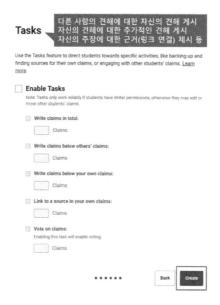

⑦ 토론방이 개설되었다. 'Enter'를 클릭하여 입장할 수 있다.

⑧ [공유하기] 이제 학생들이 토론에 참여할 수 있도록 'Share'를 클릭하여 공유한다.

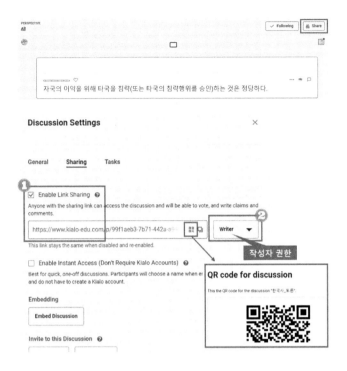

⑨ [참고] 학생의 토론 참여

- 학생은 교사가 전송한 링크 혹은 QR 코드를 스캔하여 토론방에 입장한 후, '+' 버튼을 클릭하여 찬성 혹은 반대의 의견을 작성하여 게시한다.

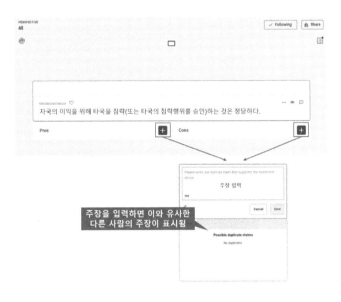

● 토론이 진행되면 주장의 내용, 게시글의 수, 참여 인원 등에 대한 정보를 실시간으로 확인할 수 있다.

● 상단의 '알림' 메뉴를 클릭하면, 실시간으로 진행되고 있는 토론 상황을 확인할 수 있다. 각 학생은 새로운 주장을 입력하거나 수정할 수 있으며, 기존 주장을 수정할 경우 수정 사유도 기록되어 나타난다.

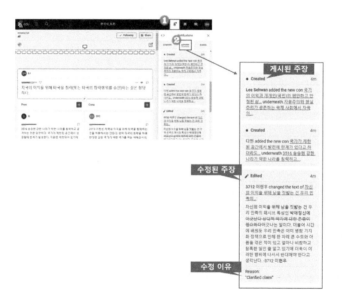

- 각 주장을 클릭하여 학생 상호 간 의견 교환 혹은 교사의 피드백이 가능하며, 해당 주장에 대한 다른 학생들의 평가 결과도 확인할 수 있다.

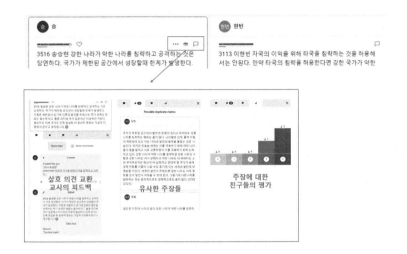

- 상단의 '다이어그램' 메뉴를 클릭하면 전체적인 토론 진행 상황이 시각적으로 표시되며, 토폴로지 다이어그램에 마우스를 올리면 각 주장의 작성자와 내용을 확인할 수 있다.

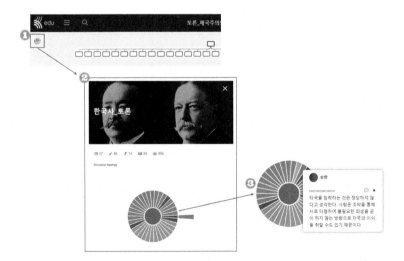

제3장

만들다.

09.

 북크리에이터

×

역사를 쓰고,
구성하다.

1. '북크리에이터'란?

북크리에이터는 온라인에서 책을 제작할 수 있는 프로그램이다. 일반 서적, 그림책, 잡지 등 모든 종류의 책을 손쉽게 만들 수 있으며, 제작 과정에 소요되는 시간을 절약할 수 있기에 온전히 글쓰기에 집중할 수 있다. 다양한 레이아웃을 간편하게 재가공하여 사용할 수 있고, 텍스트·이미지·동영상 등을 삽입하여 매력적인 전자책을 완성한다. 공동 작업 기능을 통해 학생들은 실시간 협업이 가능하고 교사는 이들의 활동을 모니터하면서 피드백할 수 있다.

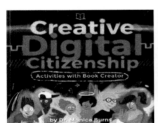  

2. 북크리에이터로 수업하기

2.1. 수업 적용 분야

북크리에이터를 활용하면 학생들은 '책 만들기'의 형식으로 수업 주제의 내용을 조직·정리하여 효과적으로 표현하는 기회를 갖게 된다. 수업에서는 학습 내용의 정리 노트나 조사

(탐구)보고서, 발표 자료, 포트폴리오 등을 만들어 볼 수 있으며, 자신이 제작한 책을 온라인에 게시하거나 파일로 저장하여 공유할 수 있다. 북크리에이터를 활용한 역사수업으로 학생의 자기 주도성을 높이고 학생 간 협업이 촉진되는 교실을 구축할 수 있다.

2.2. 수업 사례

〈북크리에이터로 문화유산 잡지 만들기〉

수업 개요

북크리에이터를 이용하여 월간지 형태의 잡지를 제작하는 수업이다. 학생은 학습한 역사 지식을 책(잡지)이라는 프레임에 담기 위해 고민해야 한다. 이러한 과정은 학습자의 역사적 사고력과 창의력을 동시에 증진시킬 수 있다. 학생들은 '저자'가 되어 적극적으로 학습에 참여하며, 제작한 작품을 다른 학생들과 공유하는 과정에서 상호 격려하고 자신감을 높이는 동시에 자신의 작품을 재점검하게 된다.

수업의 흐름	
도입	우리 교과서는 이렇게 생겼구나!
사전 활동	'나의 책 쓰기 계획서' 작성
제작 활동	문화유산 잡지 만들기(북크리에이터)
정리	제작한 작품 공유하고 감상하기

도입

▶ 칠판의 화면에 각 출판사에서 발행한 교과서 표지를 제시한다. 여러 종류의 교과서를 보면서 책의 표지 디자인이나 표지를 통해서 주고자 하는 메시지 등에 대해 이야기를 나누어 본다.

▶ 교과서 외 다양한 종류의 책을 본 경험에 대하여 이야기해 보도록 한다. 아울러 북크리에이터를 사용하는 책 만들기의 수업 전개 과정에 대해 안내한다.

TEACHING TIP

◆ 수업 과정을 안내하면서 북크리에이터 프로그램을 소개하는 것이 좋다. 이를 통해 학생들은 수업에 새로운 흥미를 갖게 되며, 앞으로 제작하게 될 자신의 책을 어떻게 구성할 것인지에 대한 아이디어 활동을 촉발하게 된다.

◆ 북크리에이터의 기능 설명에 많은 시간을 할애할 필요는 없다. 직관적인 화면 구성으로 처음 접한 사람도 쉽게 프로그램을 활용할 수 있게 되어 있다. 학생들은 디지털 적응력이 높아 간단한 몇 번의 조작만으로 기본적인 기능을 능숙하게 사용할 수 있다.

(1) 사전 활동 : '나의 책 쓰기 계획서' 작성

▶ 책 만들기 사전 활동을 위한 활동지를 배부한다.

내가 만드는 '문화유산 잡지' 계획서

주제	
책 제목	
예상 독자	
목차	
콘셉트	
주요 내용	

▶ 학생들은 계획서를 바탕으로 다음의 과정을 통해 책 만들기를 위한 사전 활동을 수행한다.

◆ [주제 선정] 학생들은 책의 주제를 선정할 때 광범위하거나, 막연하고 거창한 주제를 떠올리는 경우가 많다. 교사는 학생들의 수준에 적합하도록 보다 범위를 좁혀 구체적인 주제를 선정하도록 안내할 필요가 있다.

◆ [자료 수집] 텍스트 정보와 이미지 등 가능한 많은 자료를 수집하는 것이 좋다. 많은 자료를 접하고 취사선택하는 과정에서 자연스럽게 자료 분석 능력, 비판 능력, 종합 능력을 키울 수 있다. 또한 이 과정에서 학생들은 자신만의 아이디어를 산출할 수 있으며, 막연했던 내용 체계가 보다 구체적으로 바뀌는 경험을 하게 된다.

◆ [초안 원고] 초안을 작성하면서 동시에 책의 디자인도 고려하도록 지도한다. 즉, 초안을 쓰면서 표지 디자인, 글의 구성과 배치, 사용할 이미지 등을 함께 구상하는 것이 좋다.

◆ [작가 회의] 학생들 상호 간 또는 모둠별로 서로의 계획서를 보며 좋은 점과 수정할 점 등을 논의하고 피드백하는 기회를 부여하면 더 좋은 작품이 제작될 수 있다.

(2) 제작 활동 : 문화유산 잡지 만들기

▶ 사전 활동의 계획서를 바탕으로 북크리에이터를 사용하여 표지 디자인, 책의 내용을 입력하고 편집하는 등 자신만의 잡지를 제작한다.

TEACHING TIP

- ◆ 학생들은 책 만들기를 하면서 자연스럽게 학습 내용을 정리하고 창의적으로 표현하게 되는 기회를 갖게 된다. 이 수업은 2차시의 과정으로 운영되었지만, 보다 완성도 높은 산출물을 기대한다면 3~4차시로 확대하여 운영하는 것도 좋다.
- ◆ [표지 디자인] 교사는 칠판의 화면에 여러 형태의 표지 디자인을 예시로 보여주고 학생들이 참고할 수 있도록 한다. 또한 책의 표지를 디자인할 때는 주제와 어울리면서 담고 있는 내용을 잘 표현할 수 있도록 지도한다.
- ◆ 1차시의 계획서에 작성한 원고 초안과 책의 구성에 대한 자신의 구상을 바탕으로 책을 제작하도록 한다. 이 때 책의 내용은 텍스트 뿐 아니라 이미지, 도표 등도 적극적으로 활용하도록 유도한다. 학생들은 텍스트 외 자료를 활용하는 과정에서 학습 내용에 대한 이해가 심화되고 파지력이 높아지기 때문이다.
- ◆ 삽입하는 이미지는 '네컷만화(6편 참조)', '이비스 페인트 X(12편 참조)' 등을 활용하여 학생이 직접 제작한 작품을 사용하는 것도 좋다.
- ◆ 교사는 순회 지도를 통해 프로그램의 사용에 어려움을 겪고 있는 학생은 없는지 파악하여 도움을 주어야 한다. 또, 학생의 개별적인 배경 지식 수준을 고려하여 자신에게 적절한 수준의 책이 완성될 수 있도록 지도한다.

정리

▶ 학생들이 제작한 작품은 패들렛을 통해 공유함으로써, 다른 학생의 작품을 감상하고 자신의 작품을 재점검하는 기회를 제공한다.

TEACHING TIP

정리 단계의 시간을 확대하여 책이 완성된 후 자신의 작품을 발표하는 시간을 갖는 것도 좋다. 이 경우 ① 책의 전체적인 내용 소개, ② 제작 동기, ③ 제작 과정, ④ 제작 후 느낀 점과 소감을 발표하도록 한다. 또 자기평가, 동료평가를 도입하여 책 만들기의 활동과 내용을 돌아보는 기회를 제공할 수도 있다.

〈수업 결과물〉

> **❗ 참고**
>
> 완성된 온라인북은 인쇄하여 실제 책과 같은 형태로 제작할 수도 있다. 학생들은 책의 저자가 되는 경험을 통해 수업 참여 의지가 매우 고양되며 성취감이 배가되는 등의 교육적 효과가 나타난다.
>
>

3. 북크리에이터 더⁺ 활용하기

● 기존의 책 만들기 수업에는 스크랩북, 싸인펜, 풀이나 가위 등 여러 준비물이 필요했으며, 꾸미기나 그림 그리는 재능에 따라 결과물의 편차도 크게 드러났다. 북크리에이터를 활용한 책 제작은 학생 모두의 접근성이 높으며 '표현'에 대한 부담이 적어 '내용'에 보다 집중할 수 있는 장점이 있다.

● 북크리에이터에서 교사용으로 회원 가입을 하면 책을 40권까지 무료로 제작할 수 있다. 추가 제작을 위해서는 기존에 만든 책을 삭제해야 한다. 이 경우 기존의 책을 전자책 파일로 저장해 두었다가 필요할 때 불러오기하여 사용할 수 있으므로, 이와 같은 방법을 통해서 무료 사용자에게 제공된 40권의 제약을 벗어나 사용할 수 있다.

● 모둠 단위의 협업 활동으로 책을 제작할 수도 있다. 이러한 형태의 수업은 학생 간 상호작용, 협업을 통한 의사소통 능력을 향상시킬 수 있어 좋다. 단, 교사는 학생들이 자신에게 편집 권한이 주어진 책만 접근하여 편집할 수 있도록 공유 설정을 하는 것이 바람직하다. 이렇게 하면 학생들은 자신에게 공유된 책만 볼 수 있게 되며 동시에 작업 중인 다른 모둠의 책은 볼 수 없게 된다.

● 학생들이 디자인의 측면에 치중하게 되면 수업의 본질(지식 습득. 역사적 사고력과 상상력의 배양 등)을 벗어날 수 있다. 따라서 사전에 '내용' 측면에 집중한 활동을 하도록 안내하고, 제작 과정에서 교사의 적절한 개입과 지도가 필요하다. 책 만들기 전에 학생들이 자료를 충실히 조사하고 탐구할 수 있는 시간을 주면 더욱 좋다.

4. 북크리에이터 쉽게 사용하기

① [로그인] 북 크리에이터 홈페이지(https://app.bookcreator.com/sign-in)에 접속하여 회원 가입한다. 이 때 회원 가입하기(Sign up)를 클릭하면 노란색 배경의 학생용 회원가입 페이지가 나타난다. 'Switch to teacher'를 클릭하여 교사용 회원 가입 페이지로 전환해야 한다. 'Switch to teacher'를 클릭하면 파란색 배경의 교사용 회원 가입 화면으로 바뀐다.

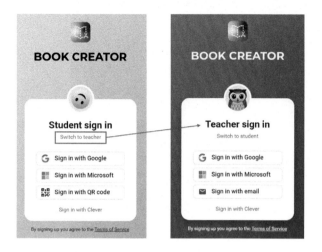

※ 교사용으로 회원가입을 해야 40권의 책을 무료로 제작할 수 있는데, 교사임을 증명하기 위한 절차는 별도로 필요하지 않다.

⚠ 참고

구글 계정으로 간편하게 로그인할 수 있다. 다른 계정으로도 로그인할 수 있지만, 북크리에이터 는 캔바와 같은 다른 프로그램과 연동하여 유용하게 사용할 수 있기 때문에 구글 계정으로 로그 인하는 것을 권장한다.

② [기본정보 입력] 몇 학년을 가르치고 있는지, 도서관(작업할 공간)의 이름은 무엇으로 할 것인지 등에 대한 간략한 정보를 입력한다.

③ [제작 실행] 첫 실행화면이다. 도서관의 명칭으로 학교명을 가져와 '도서출판 신광'으로 설정했
다. 이제 'New Book' 메뉴를 클릭하여 책 만들기를 시작한다.

④ [판형 선택] 제작할 책의 크기와 모양을 선택한다. 빈 프레임에서 시작할 수도 있고 이미지, 텍스
트 등을 넣을 수 있도록 구획된 프레임을 선택할 수도 있다. 선택한 프레임은 책의 편집 과정에
서 크기와 위치 등을 변경할 수 있다. 여기에서는 'Square(1:1)' 프레임을 선택한다.

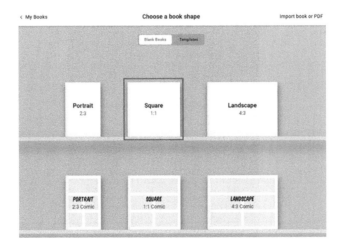

⑤ 첫 번째 페이지(책 표지)를 만들 수 있는 화면이 나타난다.

주요 기능 설명

(1)  : 페이지의 배경과 모양을 설정할 수 있음.

(2) 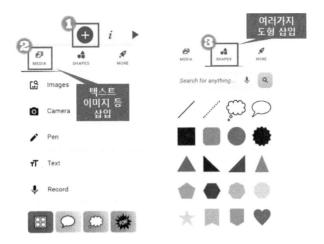 : 'MEDIA' 메뉴와 'SHAPES' 메뉴가 있음.

❗ 참고

북크리에이터의 텍스트는 지원되는 한글 서체가 별로 없다. 따라서 캔바 등을 연동하여 다양한
서체를 활용하는 것이 좋다.

※ 'MEDIA' 메뉴의 'Pen'을 클릭하면 다양한 브러쉬를 선택하여 직접 손글씨 텍스트를 만들어
넣을 수 있다.

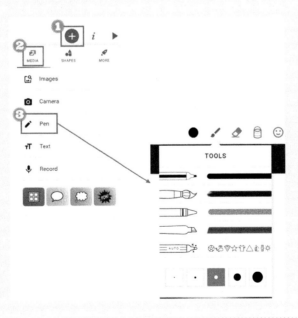

(3)  : 북크리에이터와 연동하여 사용할 수 있는 앱을 추가할 수 있다. 책 제작에 유용하게 활용
할 수 있는 디자인 툴인 캔바 앱을 추가하도록 한다.

Ⓐ 아래 그림과 같이 'Add Apps'를 클릭한다.

※ 북크리에이터는 다양한 한글 서체를 지원하지 않는다. 따라서 캔바에서 한글 서체 뿐 아니라
다양한 템플릿과 이미지, 도형 등을 활용하여 작업하는 것이 편리하다. 또 캔바에서 작업한 페이
지는 북크리에이터로 가져올 때 자동으로 원래 지정한 판형의 크기로 불러오기 때문에 매우 유용
하다.

ⓑ 설치할 수 있는 앱들이 화면에 나타나는데, 이 중 캔바를 선택한다.

ⓒ 아래 그림과 같이 캔바가 설치되어 연동된 것을 확인할 수 있다.

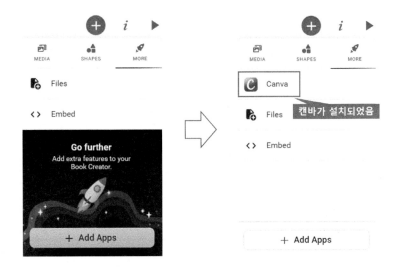

⑥ [캔바에서 제작하기] 책의 표지를 만들기 위해서, 보다 편리하게 작업할 수 있는 캔바를 실행한다.

➕를 클릭한 후 🚀 를 선택해서 🅲 Canva 를 실행
　　　　　　　　MORE

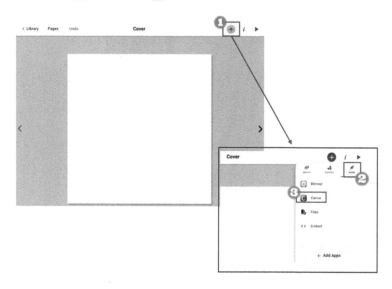

⑦ 캔바가 연동되면 캔바의 디자인 기능을 활용하여 책의 표지를 제작한다.

※ 캔바 사용법은 07편 참조

⑧ [캔바에서 불러오기] 캔바에서 제작한 잡지를 북크리에이터로 불러오는 과정이다. 'Add to book'을 클릭하면 그림과 같이 북크리에이터의 작업창에 캔바에서 작업한 페이지가 불러오기 된다. 이와 같은 방법으로 캔바에서 각 페이지를 제작한 후 북크리에이터로 가져온다.

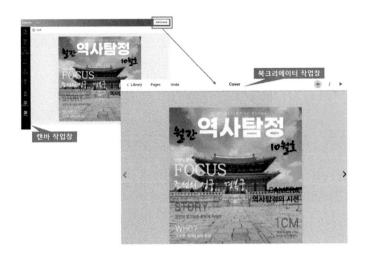

⑨ [점검하기] 캔바 혹은 북크리에이터를 사용하여 책의 제작이 완료되었으면, 'Pages'를 클릭하여 전체 페이지의 레이아웃을 확인할 수 있다.

이 때 각 페이지는 마우스로 선택하여 드래그함으로써 페이지의 순서를 변경할 수 있다.

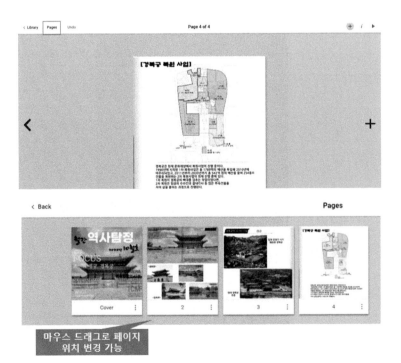

⑩ [수정하기] 'Library' 메뉴를 클릭하면 제작된 책의 모습을 페이지를 넘기며 확인할 수 있다. 또 각 페이지에 마우스를 올려놓으면 해당 페이지로 들어가 내용을 수정할 수도 있다.

⑪ [공유하기] 완성된 책은 하단의 메뉴를 클릭하여 파일로 저장하거나 간편하게 공유가 가능하다.

북크리에이터에서 페이지 제작과 편집 방법

(1) 이미지 삽입

➕를 클릭하여 하위 메뉴 중 'Images'를 클릭하면 이미지를 삽입할 수 있는 팝업창이 나타난다. 팝업창에서 원하는 이미지를 웹에서 직접 검색하여 삽입할 수도 있고, 내 컴퓨터에 저장되어 있는 이미지를 불러오기 하여 삽입할 수도 있다.

아래 그림은 '경복궁'을 검색했을 때의 화면이다. 원하는 사진을 선택하여 이미지를 삽입한다.

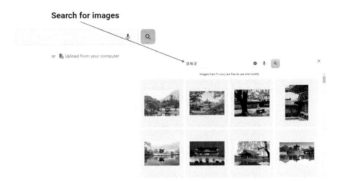

이미지가 삽입된 후 해당 영역을 클릭하면 파란색 배경 테두리가 생기면서 크기와 위치, 방향을 자유롭게 조절할 수 있다.

(2) 텍스트 삽입

⊕를 클릭하여 하위 메뉴 중 'Text'를 클릭하면 그림과 같이 텍스트를 입력할 수 있는 팝업창이 나타난다.

〈경회루〉라고 입력한 후 'Done'을 클릭하면 입력한 텍스트가 삽입된다.

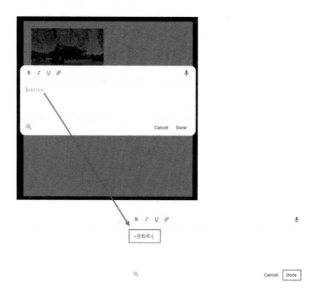

입력된 텍스트 상자를 클릭하면 파란색의 배경 테두리가 나타나는데, 이때 텍스트의 내용을 수정할 수 있다.

텍스트의 서식을 변경하기 위해서는 텍스트 상자를 선택한 상태에서 상단의 *i* 메뉴를 클릭한다. 텍스트와 관련한 사항(폰트, 크기, 정렬, 색상 등)을 수정할 수 있으며, 아래 그림과 같이 이미지나 영상, 도형, 이모지 등을 필요에 따라 삽입하고 편집하면서 책을 제작한다.

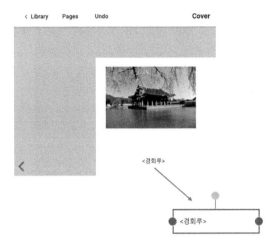

새로운 페이지를 추가하고 싶은 경우에는 +버튼을 클릭하면 된다.

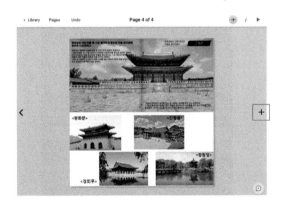

10. 파우툰 (POWTOON)

×

프레젠테이션도 영상이 대세다.

1. '파우툰(POWTOON)'이란?

파우툰은 애니메이션 기능을 강화한 온라인 프레젠테이션 도구이자 동영상 제작 툴이다. 파워포인트나 캔바의 동영상 버전이라고 할 수 있는데, 영상 제작과 관련된 다양한 기능을 매우 쉽게 사용할 수 있도록 구성되어 있다. 특히 다른 동영상 제작 툴과 달리 사용자는 제공되는 다양한 동영상 템플릿(애니메이션형, 프레젠테이션형, 화이트보드형, 광고형)을 간단히 수정하여 사용할 수 있다. 따라서 어떤 내용을 표현하고자 하든지 10분 만에 퀄리티 높은 영상을 만들 수 있는 놀라움을 경험하게 된다.

2. 파우툰(POWTOON)으로 수업하기

2.1. 수업 적용 분야

파우툰은 애니메이션 동영상 + 파워포인트의 기능으로 프레젠테이션에 적합하다. 수업 자료나 강의 자료, 발표 자료 등을 애니메이션 형태의 영상 프레젠테이션으로 제작하여 사용할 수 있다. 기존 수업에서 영상 제작을 활용할 경우에는 영상 기기 활용에 대한 지식·기술이 요구되고, 편집 과정에도 많은 시간이 소요되었다. 그러나 파우툰을 활용하면 특별한 기술과 기능이 없어도 짧은 시간에 완성도 높은 영상을 만들 수 있다. 파우툰을 활용하여 교사는 강의식 수업을 진행할 수 있으며, 학생은 학습한 내용을 정리하거나 조사 보고서, 발표 자료를 제작할 수 있다. 파우툰은 단순한 이미지 슬라이드가 아니라 애니메이션 기능으로 화면의 움직임과 전환이 생동감있고 유려하여 학생들은 매우 높은 흥미를 갖고 수업에 참여하게 된다.

〈수업 내용〉 〈조사 보고서〉

〈타임 라인〉 〈모둠 발표〉

2.2. 수업 사례

〈파우툰으로 만드는 나의 '역사채널 e'〉

수업 개요

표현 중심의 역사수업, 즉 '학습 내용을 영상 매체로 표현하기'로 설계하였다. 일반적으로 영상 제작을 활용한 수업은 학생이 필요한 기능을 익히고 영상을 편집하는데 많은 시간이 소요되어 학습 내용은 큰 비중을 차지하지 못했다. 그러나 파우툰을 활용하면 짧은 시간에 영상을 쉽게 제작할 수 있어 학생들은 학습 내용에 집중하면서도 자신이 제작한 영상을 통해 성취감을 경험할 수 있다. 이번 수업의 '내가 만드는 역사채널 e'를 통해 학생들은 역사적 지식과 자신의 이해를 스토리로 표현하고 의미와 가치를 부여하는 창의적인 활동을 하게 된다.

수업의 흐름	
도입	'역사채널 e'가 무엇인가요?
사전 활동	내가 만드는 역사채널 e 계획하기
제작 활동	파우툰을 활용하여 나의 역사채널 e 제작하기
정리	성과물 공유 및 자기·동료평가

수업의 실제

도입

▶ 수업 주제와 관련된 EBS의 '역사 채널 e'를 칠판의 화면을 통해 보여준다.

TEACHING TIP

이 때 표현 기법(자막, 이미지, 음향 효과 등)이 어떻게 사용되고 있는지 주의깊게 시청하도록 한다. 이는 학생이 전개 단계의 '내가 만드는 역사채널 e' 스토리텔링 과정에서 중요한 참고 가 된다.

[출처 : EBS]

▶ 파우툰을 활용하는 수업 과정을 안내하고, 파우툰의 간단 사용법을 설명한다.

> **TEACHING TIP**
>
> 파우툰 홈페이지에서 제공하는 2분 정도의 짧은 튜토리얼 영상을 활용하는 것도 좋다.
> (https://www.powtoon.com/labs/tutorials/powtoon-studio-tutorial)

전개

(1) 사전 활동 : '내가 만드는 역사채널 e' 제작 계획 수립

▶ 역사채널 e 기획하기

 • 주제를 정하고, 제목과 기획 의도를 구상하여 활동지에 작성한다.

내가 만드는 '역사채널 e'

	'ㄴ'의 역사채널e는?
주제	
제목	
기획 의도	

▶ 스토리텔링 : 주제를 효과적으로 전달하기 위한 전략 구상

 • 기승전결의 형태로 스토리텔링이 이루어지도록 하며, 각각 한 문장으로 표현해 보도록 한다.

시놉시스를 작성해 보아요.	
기(시작)	
승(전개)	
전(전환)	
결(끝맺음)	

> **TEACHING TIP**
>
> ◆ 학생들의 스토리텔링을 조력하기 위해 '기·승·전·결' 형태의 학습지를 제공하여 생각의 실
>   마리를 풀어나갈 수 있도록 한다.
> ◆ 수업 시간의 여유가 있을 경우, 각자 작성한 기승전결의 문장을 발표하게 하여 서로의 아이
>   디어를 확인하고 자신의 아이디어를 확산할 기회를 제공해 주는 것도 좋다.
> ◆ 장면이나 자막의 내용, 각종 효과 등 구체적인 사항은 파우툰을 활용한 제작시 수정되는 경
>   우가 많다. 스토리텔링 단계에서는 구성의 핵심만 구상하도록 안내한다.

(2) 제작 활동 : 파우툰을 활용한 역사채널 e 제작

▶ 자신의 시놉시스를 바탕으로 파우툰을 활용하여 역사채널 e를 제작한다.

TEACHING TIP

◆ 파우툰의 사용법이 쉽기도 하지만, 요즘 학생들은 개인 SNS 활동이나 학교에서 동영상 제작 경험이 많기 때문에 영상 제작·편집 과정에 큰 어려움을 느끼지 않는다. 따라서 교사는 영상의 표현 요소보다는 영상의 내용, 즉 수업 주제를 명확하고 효과적으로 전달하는데 보다 많은 고민과 노력을 기울이도록 지도할 필요가 있다.

◆ 기존의 역사채널 e는 약 5분의 동영상이지만, 학생들은 2분 내외의 영상을 만들도록 하는 것이 좋다. 보다 시간이 길어질 경우 영상의 효과와 편집과 같은 부수적인 부분에 시간이 많이 소요될 수 있다. 짧고 효과적인 수업을 위해 시간을 제한하는 것이 바람직하다.

정리

▶ 각자 제작한 역사채널 e는 패들렛을 통해 공유하며, 친구들의 작품을 감상하면서 평가표를 작성한다.

TEACHING TIP

다수 학생의 작품을 감상하고 평가해야 하기 때문에 평가표는 간략하게 구성해야 한다. 아래 예시에서는 완성도와 스토리를 별점의 형태로 체크하고, 한줄평을 작성하도록 하였다.

'너'의 역사채널e는?

제작자		작품명	
완성도	☆ ☆ ☆ ☆ ☆	스토리	☆ ☆ ☆ ☆ ☆
한줄평			

3. 파우툰 더⁺ 잘 쓰기

● 학생들은 영상 제작 수업이라고 하면, 기존 UCC와 같은 번거로운 형태를 생각해서 간혹 거부감을 표현하는 경우가 있다. 그러나 파우툰 소개 과정에서 간단한 기법으로 재미있는 영상이 나오는 것을 확인하게 되면 학생들은 매우 높은 관심을 보이면서 수업에 적극적으로 참여하게 된다.

● 파우툰은 영상 제작 플랫폼이므로 동일한 사양의 스마트 기기를 제공하여 수업을 진행하는 것이 좋고, 가능하면 최신 기종의 기기 사용을 권장한다. 학생의 스마트폰이나 오래된 기종의 PC를 사용하면 영상 로딩에 다소 시간이 소요되어 원활한 수업 운영에 지장이 있을 수 있다.

● 'Create' 기능과 'Edit' 기능을 적절히 혼용하여 사용하는 것이 좋다. Create 기능만 사용할 경우에는 편집에 많은 시간이 소요된다. 따라서 파우툰에서 제공하고 있는 다양한 템플릿을 바탕으로 Edit 기능을 사용하여 편집 시간을 단축하는 것이 좋다. 필요한 경우에만 Create 기능을 활성화시켜 수정하는 형태가 바람직하다.

> **❗참고**
> create 기능을 활성화하면 템플릿에 적용된 모든 요소를 수정할 수 있는 반면, edit 기능은 기존 템플릿의 내용 요소만 변경할 수 있다.

● 실제 수업을 해보면 학생들은 파우툰 사용법을 익히고 사용하는 것보다는 학습 내용을 요약하고 프레임의 형식에 맞추어 간단 명료하게 표현하는 것을 훨씬 어려워한다. 교사는 순회하면서 학생 활동을 관찰하고 수시로 피드백하면서 어려워하는 지점에 대해 적절한 개입과 지도를 해야 한다.

● 제작한 동영상은 유료 계정만 파일의 형태로 저장할 수 있고, 무료 계정은 이미지 또는 애니메이션화된 이미지 파일로 다운로드하거나 '공유하기'만 가능하다. 따라서 정리 단계에서 패들렛을 통해 공유와 감상이 이루어지는 것이 좋다. 현재 파우툰에서는 모든 기능을 무

료로 사용할 수 있는 프로모션을 진행하였다가, 최근 무료 계정에서는 일부 기능만 사용할 수 있도록 변경하는 등 가격 정책의 변화가 잦다. 따라서 파우툰을 지속적이고 적극 사용할 계획이라면 파우툰 PRO(유료) 중 보다 저렴한 교육용 계정으로 전환을 고려해 볼 수도 있다.

4. 파우툰(POWTOON) 쉽게 사용하기

① [회원 가입] 파우툰 홈페이지(https://www.powtoon.com)에 접속하여 회원 가입한다. 구글이나 페이스북 계정으로 로그인할 수 있다.

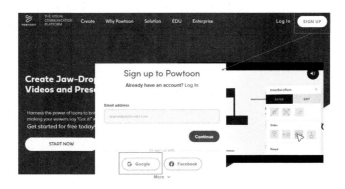

② [제작 실행] 로그인 후 실행 화면에서 'Create'를 클릭하여 영상을 만들 수 있다. 여기서는 'Animated Explainer'를 클릭하여 간단한 애니메이션 영상의 제작 과정을 살펴본다.

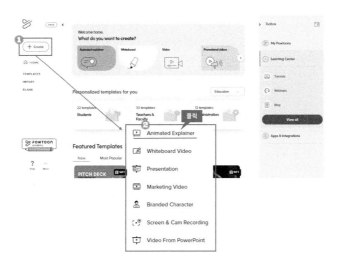

③ [템플릿 선택] 분야별로 다양한 템플릿이 제공되는데. 예시로 'education' 분야의 'School Syllabus' 템플릿을 선택하였다.

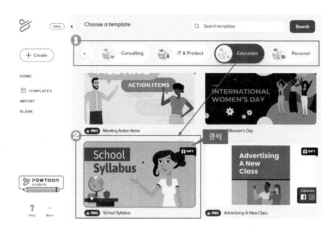

④ [영상 확인] 재생되는 샘플 영상을 확인한 후 적절하다고 판단되면 'Edit in Studio'를 클릭하여 편집화면으로 전환한다.

⑤ [영상 제작] 영상 제작은 'CREATE'와 'EDIT' 기능 중에서 선택할 수 있다. CREATE는 기존 템플 릿의 모든 요소를 수정할 수 있어 영상을 새롭게 창작하는 형태이고, EDIT는 기존 템플릿의 내 용 요소를 간단하게 수정만 하는 방식이다. 슬라이드별로 CREATE와 EDIT 기능을 각각 변환하 면서 제작할 수 있다.

- 'CREATE' 실행 화면

- 'EDIT' 실행 화면

❗ 참고

'EDIT'와 'CREATE'의 편집 기능

1) EDIT 기능 : 내용 요소만 변경이 가능하며 텍스트와 캐릭터를 클릭하여 서식을 변경할 수 있다.

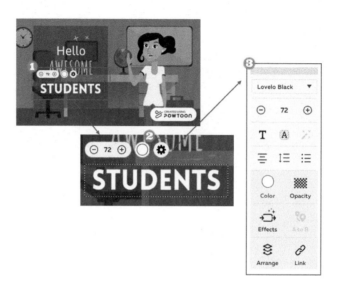

2) CREATE 기능 : 모든 편집 메뉴가 활성화되면서 템플릿 전체를 수정할 수 있다.
   ㉮ 이미지·영상 삽입, 캐릭터·배경 음악 변경, 기타 요소 등

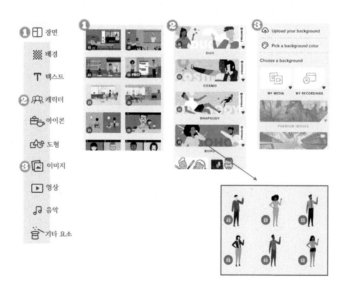

ⓝ 화면 전환 효과 변경

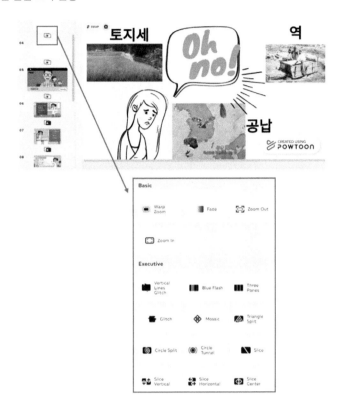

ⓓ 이미지나 영상의 등장 효과 및 타임라인 설정

⑥ [영상 제목] 영상 제작이 완료되었으면 상단의 제목 상자에 영상 제목을 입력한다.

⑦ [공유하기] 제작한 영상은 'EXPORT'를 클릭한 후 팝업창에서 'Share link'를 클릭하여 공유할 수 있다.

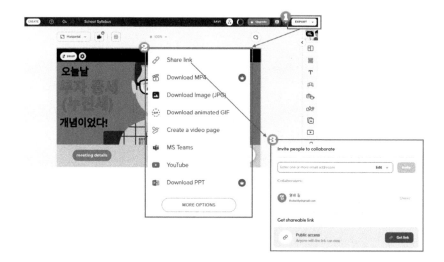

11.

아이바(AIVA)

×

역사,
오디오북으로 태어나다.

1. '아이바(AIVA)'란?

아이바는 다양한 장르와 스타일로 음악을 작곡할 수 있는 인공지능 프로그램이다. 아이바는 당초 클래식과 교향곡 작곡을 위해 개발되었는데 현재는 영화음악, 광고, 게임 등에 이르기까지 폭넓은 장르의 음악을 손쉽게 작곡할 수 프로그램으로 발전했다. 프랑스의 음악저작권협회로부터 '세계 최초의 가상 작곡자'로 인정받은 아이바는 사용법 또한 매우 간단하다. 5분이면 자신만의 음악을 창작하여 수업에 활용할 수 있다.

2. 아이바(AIVA)로 수업하기

2.1. 수업 적용 분야

아이바를 활용하면 음악적 지식과 재능이 없어도 자신이 만들고자 하는 장르의 음악을 분위기나 빠르기 등을 조절하면서 손쉽게 작곡할 수 있다. 역사 수업에서 아이바를 사용하면 '음악' 자체가 갖는 매력 덕분에 학생들의 동기유발과 적극적인 수업 참여를 기대할 수 있다. 뿐만 아니라 학습 내용을 리듬에 맞추어 함축적으로 표현하는 활동을 하거나, 이를 노래로 직접 불러봄으로써 학생들은 새로운 정보를 저장하고 장기간 유지하며, 이를 인출하는데 있어 큰 효과를 경험할 수 있다.

2.2. 수업 사례

〈아이바를 활용한 역사 오디오북 제작〉

수업 개요

단순히 음악을 창작하는 과정은 역사수업과 무관하다. 그러나 학생 자신이 창작한 음악을 학습에 사용하면 그 효과는 매우 크게 나타난다. 이번 수업에서 학생들은 학습 주제에 맞는 장르의 음악을 아이바를 통해 창작하고, 자신이 작곡한 음악을 배경으로 직접 오디오북을 제작하게 된다.

수업의 흐름

도입	오디오북 사례 소개 및 본시 수업 안내
활동(1)	오디오북 제작 구상 및 대본 작성
활동(2)	아이바를 활용한 오디오북 제작
정리	성과물 공유 및 평가

수업의 실제

도입

▶ '쉽게 듣는 서울사(고대편)'의 한 대목을 학생들에게 들려주면서 오디오북을 소개한다.

출처 : 서울역사편찬원, https://history.seoul.go.kr

▶ 아이바를 활용하는 오디오북 제작의 수업 과정을 안내하고, 아이바의 간단 사용법을 설명한다.

TEACHING TIP

아이바의 사용법은 매우 간단하기 때문에 교사가 칠판의 화면으로 약 2~3분 정도 시연하는 것만으로 충분하다. 따라서 프로그램 사용법에 대한 설명보다는 오디오북 제작의 절차와 유의 사항을 보다 자세히 안내하는 것이 좋다.

전개

(1) 사전 활동 : 오디오북 원고 작성

▶ 학생들은 학습 주제에 대한 오디오북 제작 계획서(활동지)를 작성한다.

- 개요 작성(제목, 콘셉트, 전체적인 스토리 구상) ➡ 대본 작성

◆ 학생들이 필요한 정보를 선별해서 집약적으로 압축하고, 특정 장면을 선택해서 재구성하는 과정에서 학습 주제에 대한 이해가 심화된다.

◆ 교사는 순회하면서 각 학생의 계획서를 점검하고 적절한 피드백을 통해 대본 구성에 도움을 주어야 한다.

◆ 개요 : 2~3분 정도의 길이로, 전체적인 스토리와 인상적인 장면을 포함하여 작성한다.

◆ 스토리 : 주제에 대한 줄거리와 함께 등장인물이 있는 것으로 선정하는 것이 좋다.

◆ 대본 구성 : 줄거리 부분은 문어체 내레이션, 인물이 등장하는 인상적인 장면은 구어체 대사로 작성하면 보다 자연스러운 오디오 드라마가 연출된다. 이 경우 학생들이 오디오북을 직접 녹음할 때 훨씬 재미있어하며, 오디오북 자체의 완성도도 높일 수 있다.

▶ 대본을 소리내어 읽어보며 읽기 연습을 진행하는 동시에 수정할 부분은 없는지 확인한다.

(2) 제작 활동 : 아이바를 활용한 오디오북 제작

▶ 아이바를 활용하여 자신의 오디오북에 적합한 장르의 음악을 선택하고 스토리와 어울리는 악기 구성과 템포를 정하여 곡을 창작한다.

▶ 곰녹음기를 이용해 자신의 목소리로 대본을 읽으면서 녹음하고, 아이바를 통해 창작한 곡을 배경 음악으로 삽입하여 오디오북을 완성한다.

아이바를 통한 곡 창작 과정은 매우 간단하여 많은 시간을 필요로 하지 않는데, 이는 학생의 흥미와 수업 참여를 높이기 위한 수단으로 활용하는 것이다. 따라서 전개 과정에서는 수업 주제를 대본으로 구성하는 것에 많은 시간을 할애하여 학생들이 학습 내용에 자연스럽게 집중할 수 있도록 하는 것이 좋다.

정리

▶ 학생들은 각자 제작한 오디오북을 패들렛에 업로드하여 상호 공유한다.

정리 단계에서 과정 중심 평가를 진행할 수도 있다. 즉, 오디오북을 발표하는 시간을 갖고 오디오북에 대한 '작품 평가'와 제작 의도, 자료 수집과 제작 과정을 소개하는 '발표 평가'의 두 가지 영역에서 평가를 진행한다.

※ 평가 요소
◆ [작품 평가] 주제에 대한 내용이 충실히 담겨 있는지?, 내용의 전달이 명확하게 이루어지고 있는지?, 청취자의 흥미와 호기심을 유발하고 있는지?, 계획부터 녹음에 이르기까지 활동에 적극적으로 참여하였는지?
◆ [발표 평가] 발표의 내용(내용 선정 이유, 잘된 점과 어려웠던 점, 제작 과정에 대한 소감), 발표의 태도, 친구들의 발표를 경청하는 태도

❗참고
학생들이 제작한 오디오북 컨텐츠는 아침 혹은 점심시간의 교내방송 시간을 활용하여 학교내 스피커로 송출하는 '역사 오디오북 방송 프로그램'을 운영해 보는 것도 좋다. 이 경우 오디오북 제작 수업에 대한 참여 동기와 성취감이 크게 높아지게 되며, 전교생 대상의 역사교육 도구로써 '오디오클립'의 유용성을 확인할 수 있다.

3. 아이바 더⁺ 잘 쓰기

● 아이바의 무료 계정은 교육적(비상업적) 목적의 사용에는 제한이 없으나 다운로드는 월 3회만 가능하다.

● 악곡의 길이는 창작 설정시 30초~1분, 1분~1분30초와 같은 형태로 지정할 수 있지만, 무료 계정에서의 최대 길이는 3분이다. 또한 한번에 5곡까지 동시에 창작이 가능하다.

● 악곡의 창작은 5분도 소요되지 않는데, 창작한 악곡은 편집 메뉴를 통해 편곡도 가능하다. 다만 편집 기능은 학생이 사용하기에 어려운 편이며, 역사수업에서는 사용할 필요가 없다.

● 아이바는 PC와 스마트폰, 태블릿에서 모두 사용이 가능하다. 그러나 화면의 메뉴 구성이 다소 상이하여 학생들이 서로 다른 기기를 사용할 경우 사용법 안내가 번거롭게 된다. 학생들의 사용기기를 통일하는 것이 좋다. 또, 스마트폰(특히 아이폰) 환경에서는 일부 메뉴에 오류가 나타나는 경우가 간혹 발생하기 때문에 가급적 PC 사용을 권장한다.

● 녹음이 가능한 이어폰을 활용하면 한 교실에서 여러 학생이 방해받지 않고 동시에 음성 녹음 활동을 수행할 수 있다.

● 시간적 여유가 있다면 연습 과정에 좀 더 많은 시간을 배분하는 것이 좋다. 즉, 학생들이 AI가 창작한 곡의 리듬에 익숙해 질 수 있는 시간, 대본 녹음을 위해 발음이나 억양, 끊어읽기 등을 연습할 수 있는 시간을 마련해주면 완성도 높은 오디오북의 제작이 가능해진다.

● 학생들의 최종 성과물은 파일(오디오북)이다. 따라서 성과물 공유의 편리성 외에도 자료의 취합과 향후 관리를 고려하여 정리 단계에서 패들렛을 활용하는 것이 좋다.

4. 아이바(AIVA) 쉽게 사용하기

① [회원 가입] 웹브라우저 검색창에서 AIVA(https://www.aiva.ai)를 검색하여 사이트에 접속한 후 'Create an account'를 클릭하여 계정을 생성한다. 구글 계정이 있으면 간편하게 연동해서 사용할 수 있다.

② [제작 실행] AIVA의 첫 화면으로 AI작곡을 위해 'Create Track'을 클릭한다.

③ [장르 선정] '라이브러리'에서 원하는 장르의 음악을 선택한 후 'Create'를 클릭한다. 다양한 장르와 악기 편성을 선택할 수 있으며, 검색창에 원하는 장르를 직접 입력해도 된다.

④ [기타 설정] 음악의 코드와 길이, 작곡할 곡 개수를 선택하는 팝업창이다. 음악 코드는 'Auto'로 설정한다. 무료 버전에서 곡의 길이는 최대 3분이며, 한 번에 5곡까지 작곡할 수 있다. 설정을 완료한 후 'Create tracks'를 클릭하면 작곡이 진행되는데, 약 10~15초면 완성된다.

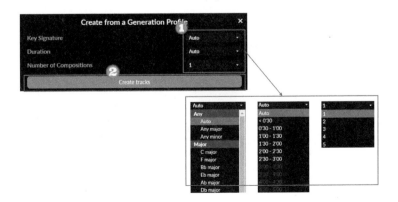

⑤ [공유하기] 음악 작곡이 완료되었으면 재생 버튼을 클릭해서 들어볼 수 있으며, 오른쪽의 메뉴를 클릭하여 곡의 다운로드와 공유, 편곡을 할 수 있다.

> **❗ 참고**
>
> **아이바로 창작한 음악을 배경음악으로 오디오북 만들기**
>
> 다양한 프로그램을 사용할 수 있지만, 가장 쉬운 방법을 소개한다.
>
> ① '곰녹음기'를 다운로드하여 설치한 후, 실행한다.
>
> ② 사용법은 매우 간단해서 중앙의 마이크 버튼을 클릭하여 녹음을 시작하고 종료시 재클릭한다.
>
>

③ 아이바로 창작한 곡을 PC에서 실행시키고, 대본을 읽으면서 PC 사운드와 마이크음을 동시에 녹음한다. 이를 위해 곰녹음기 상단의 '설정' 메뉴를 클릭하여 녹음 대상은 'PC 사운드', PC 사운드 설정은 '스피커', 마이크 설정은 '스테레오 믹스'를 선택해 준다.

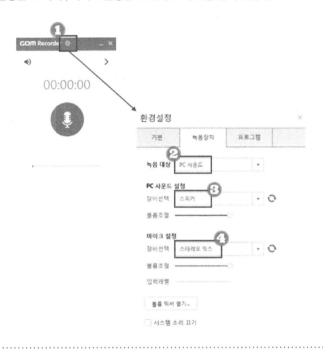

12.

 이비스
페인트 X

X

팝아트를 통해
역사를 인식하다.

1. '이비스 페인트 X'란?

이비스 페인트 X는 페인팅 툴로 스마트폰이나 태블릿에서 사용이 가능한 어플리케이션이다. 간단한 이미지 편집부터 일러스트, 만화 작업에 이르기까지 폭넓게 사용할 수 있다. 여러 페인팅 도구 중 사용법이 가장 쉬운 편이어서, 포토샵과 같은 전문적인 도구를 사용하지 않고도 완성도 높은 그림을 그릴 수 있다. 이비스 페인트 X는 '그리기' 재능이 없는 사람도 손가락만으로 10분 만에 개성이 담긴 작품을 창작할 수 기회를 제공한다.

2. 이비스 페인트 X로 수업하기

2.1. 수업 적용 분야

역사수업에서는 이비스 페인트 X의 기능 중 원본 이미지를 밑그림으로 따라 그리는 활동을 하면 좋다. 이 경우 학생들은 표현의 대상 즉, 밑그림이 되는 원본 이미지를 자연스럽게 관찰하게 된다. 따라서 인물의 특징이나 표정을 관찰하면서 감정이입적 이해를 하거나, 유물 혹은 예술 작품에 대한 이해를 심화시키기 위한 목적에서 사용하면 효과적이다. 이비스 페인트 X의 활용에서 가장 좋은 점은 '손그림' 표현에 미숙한 학생들이 갖게 되는 부담을 제거할 수 있다는 것이다. 따라서 학생들은 역사 교과의 본질적인 측면에 집중하면서, 자신이 관찰한 정보에 개성을 담아 창의적으로 이미지를 구성할 수 있다.

〈이비스 페인트 X 활용 예시〉

원본 이미지   이비스 페인트 X로 밑그림 따라 그리기

〈고구려 무용총 벽화〉

〈기마인물형 토기〉

2.2. 수업 사례

<u>〈독립운동가, 팝아트로 표현하기〉</u>

수업 개요

　이번 수업에서는 독립운동가의 생애를 학생이 스스로 탐구한 후, 이비스 페인트 X를 사용하여 독립운동가 사진을 바탕으로 팝아트를 그리는 과정으로 진행된다. 학생들은 정보를 탐색하는 과정에서 독립운동가의 생애와 활동을 인식하게 되고 관념적인 이미지를 형성한다. 이어 팝아트의 제작 과정에서 인물을 자세히 관찰함으로써 그들의 고뇌와 역경, 의지에 대한 공감적 이해를 하게 된다. 이러한 활동을 통해 교사는 학생들에게 독립운동의 가치와 정신을 되돌아 볼 수 있는 기회를 제공한다.

수업의 흐름	
도입	팝아트란? 이비스 페인트 X 활용 수업 안내
활동(1)	독립운동가의 생애와 주요 활동 탐구
활동(2)	독립운동가 팝아트 제작(이비스 페인트 X)
정리	패들렛을 통한 팝아트 상호 공유

수업의 실제

> 도입

▶ 독립운동가의 삶에 대한 영상을 시청한다.

TEACHING TIP

독립운동가의 구체적인 삶이 극화된 형태로 연출된 짧은 영상을 준비하여 제공하는 것이 좋다. 이를 통해 학생들은 일제 강점기의 시대상과 독립운동가가 처한 환경에 대해 공감적 이해를 할 수 있는 바탕을 마련하게 된다.

▶ 리히텐슈타인의 '행복한 눈물'을 제시하면서 팝아트를 간단히 소개하고, 이비스 페인트 X를 사용할 학습 과정을 안내한다.

리히텐슈타인의 '행복한 눈물'

'행복한 눈물' 패러디 작품

출처 : 한국화학융합시험연구원
(https://www.facebook.com/
KTRInstitute/photos)

안토니오 드 펠리페의 작품
(애니콜과 행복한 눈물)

TEACHING TIP

◆ 팝아트 소개시 단순히 '행복한 눈물' 그림만 보여주는 것보다는 이를 패러디한 작품들을 같이 소개하면 학생들이 보다 관심을 가지게 되며, 이비스 페인트 X를 활용할 본시 수업 과정에 대한 기대도 높일 수 있다.

◆ 교사가 이비스 페인트 X의 사용법을 튜토리얼 영상으로 제작하여 소개하면 시간을 보다 절약할 수 있다.

전개

활동(1) : [탐구] – 독립운동가의 생애와 주요 활동

▶ 학생들은 자신이 탐구할 독립운동가를 선정한다. 그리고 선정한 독립운동가의 생애와 주요 활동을 소지한 기기를 활용하여 스스로 탐구한다.

TEACHING TIP

◆ 탐구할 독립운동가 선정 과정에서 학생이 어려움을 겪을 경우, 교사는 다양한 예시(우리 지역의 독립운동가, 해외에서 활동한 독립운동가, 여성 독립운동가 등)를 제시하여 도움을 주는 것이 좋다.

◆ 독립운동가를 탐구할 때 디지털교과서의 콘텐츠 자료를 활용하면서 검색 기능을 통해 직접 찾아보는 것도 좋다. 또 온라인 검색을 통해서도 다양한 자료를 찾을 수 있는데, 이 경우 교사는 정보를 찾기에 유용한 사이트(독립기념관, 한국독립운동 정보시스템 등)를 학생들에게 안내해 주는 것이 좋다.

활동(2) : [제작] – 독립운동가를 팝아트로 그리기

▶ 학생은 자신이 선정한 독립운동가의 사진을 바탕으로 이비스페인트 X를 사용해 독립운동가 팝아트를 제작한다.

TEACHING TIP

◆ 제작에 사용되는 사진은 팝아트를 위한 밑그림이 되지만, 그림을 그리는 과정에서 해당 인물의 표정이나 복장 등을 자세히 관찰하도록 유도하는 목적이 있다. 따라서 교사는 팝아트의 제작 과정에서 학생들이 자신이 그리는 인물을 자세히 살펴 보도록 지도함으로써 교육적 효과를 보다 높일 수 있다.

◆ 학생이 원본 사진을 관찰할 때 인물의 표정이나 안색, 의복 혹은 인물 주변의 배경을 통해 당시의 상황을 추론하고 감정이입해 보도록 지도한다.

정리

▶ 학생은 자신이 제작한 독립운동가 팝아트를 패들렛을 이용하여 상호 공유한다. 이어 자신의 게시물에 댓글의 형식으로 탐구한 독립운동가의 생애와 주요 업적, 느낀 점 등을 쓴다.

TEACHING TIP

◆ 패들렛의 댓글이나 '좋아요' 기능을 통해 학생들이 상호간의 활동을 격려하고 칭찬하도록 한다.

〈수업 결과물〉

| 원본 사진 | 팝아트 | 원본 사진 | 팝아트 |

원본 사진

팝아트

원본 사진

팝아트

❗참고

수업 종료 후 활동으로 학생들이 제작한 팝아트에 수업시간에 조사한 자료의 설명글을 붙여 캠페인이나 전시회를 개최하는 사회적 참여 활동으로 이어지게 하는 것도 좋다. 또 역사수업 외에도 친구의 얼굴을 관찰하여 그리거나 친구의 표정 이모티콘 만들기 등과 같이 인성교육, 학교폭력예방교육 등의 장면에서도 유용하게 사용할 수 있다.

◆ 독립운동가 팝아트 전시

◆ 인성교육 : 내 친구의 얼굴 관찰하여 그리기

3. 이비스 페인트 X 더⁺ 활용하기

● 팝아트 제작은 원본 이미지 위에 투명한 도화지를 씌워 덧그림을 그리는 형태로 진행된다. 따라서 이비스 페인트 X에서 원본 이미지를 불러오기한 후 투명 레이어를 추가해야 하며, 그림은 추가한 레이어에 그려야 한다. 처음 접하는 학생들이 가장 많이 하는 실수로 주의가 필요하다.

  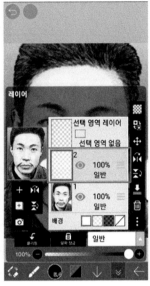

① 원본 이미지를 불러오기 한 후, '레이어 추가' 메뉴를 터치(원본 이미지에 투명한 도화지를 씌우는 개념)

② '+'버튼을 터치하여 새로운 레이어 생성

③ '레이어2'가 새로 생성됨. 그림은 원본 이미지(레이어1)가 아닌 레이어2를 선택한 상태에서 그려야 함.

● 이비스 페인트 X는 초보자도 비교적 쉽게 활용할 수 있다. 그러나 보다 원활한 수업 진행을 위해 교사는 사전에 사용법을 충분히 숙지하여 학생들에게 활용 방법을 적절히 알려줄 필요가 있다.

● 학생마다 프로그램 조작의 숙련도가 다를 수 있다. 따라서 교사는 팝아트 제작 과제의 개수를 한 개에서 두 개 정도 부여하고 학생 자신이 여건에 따라 자율적으로 선택하도록 하는 것이 좋다.

● 이비스 페인트 X는 그림을 그리는 과정을 동영상으로 저장하는 기능이 있다. '그림 그리는 공정 재생 기능'을 통해 학생들에게 이비스 페인트 X 사용법을 안내할 수도 있으며, 특히 학생들은 작품을 완성한 후 자신의 공정을 재생해 보는 것을 좋아한다.

● 이비스 페인트 X는 무료로 거의 모든 기능을 사용할 수 있다. 다만, 중간중간 짧은 광고가 등장한다는 점은 참고할 필요가 있다.

● 이비스 페인트 X는 Android와 iOS에서만 사용 가능했지만, 최근 PC 버전이 출시되었다. PC 버전은 이비스 페인트 X 홈페이지(https://ibispaint.com)에서 다운로드 가능하며 모바일 버전과 동일하게 사용할 수 있다. 단, 현재 무료 계정은 체험판만 이용 가능하며, 이용시간이 1일 1시간으로 제한된다.

!️ 참고

이비스 페인트 X를 활용한 '내 친구 이모티콘' 제작 과정

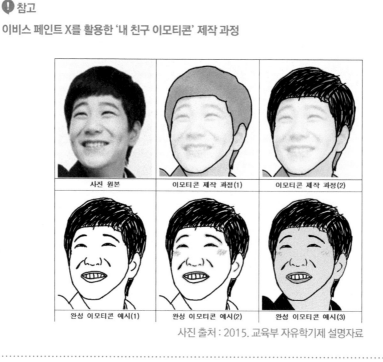

사진 출처 : 2015. 교육부 자유학기제 설명자료

4. 이비스 페인트 X 쉽게 사용하기

① [앱 실행] 이비스 페인트 X 앱을 설치 · 실행한 후, 'My Gallery'를 터치하여 제작을 시작한다. 이 때 팝아트로 제작할 이미지 파일이 갤러리(스마트폰, 태블릿)에 저장되어 있어야 한다.

② [이미지 불러오기] 팝아트 제작의 밑그림이 되는 원본 이미지를 불러오기 위해 'Import Picture'를 터치한다. 갤러리에서 사용하고자 하는 이미지를 선택한 후 불러오기를 터치한다.

③ [레이어 생성] '레이어' 메뉴를 터치한다. 불러온 이미지를 밑그림으로 팝아트를 그리기 위해, 원본 이미지 위에 투명한 도화지(레이어)를 씌우는 과정이다.

④ '레이어 추가하기'를 터치한다. 아래 그림은 새로운 레이어가 추가된 상태이다. '1'은 원본 이미지, '2'는 새롭게 생성된 레이어로 그림은 레이어 2를 선택한 상태에서 그려야 한다.

⑤ 이제 원본 이미지를 밑그림으로 참고하면서 펜(손가락)으로 그림을 그린다.

⑥ [저장하기] 팝아트 제작이 완료되었으면 저장한다. 이 때 '투명 배경 PNG'로 저장해야 한다. 'PNG로 저장하기'는 투명 배경이 아니기 때문에 유의해야 한다.

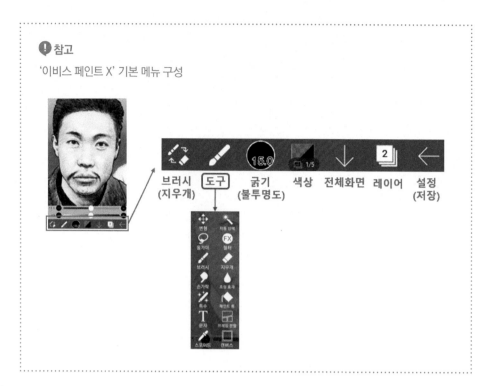

⚠ 참고

'이비스 페인트 X' 기본 메뉴 구성

알아두면 유용한 tip

① 화면에 두 손가락을 대고 넓게 움직이면 화면 확대, 반대로 움직이면 화면을 축소할 수 있다.

② 그림을 그리다가 실행을 취소하고 싶을 경우, 화면을 두 손가락으로 동시에 터치하면 '실행 취소'가 된다. 또한 세 손가락으로 동시에 화면을 터치하면 '실행 취소'를 취소(원작업 상태로 복귀)할 수 있다.

③ 첫 번째 레이어의 이미지(원본 이미지)를 밑그림으로 그림을 그리는 것이다. 따라서 밑그림과 자신이 그린 그림을 보다 쉽게 구분하기 위해, 첫 번째 레이어(원본 이미지)의 투명도를 낮춰주는 것이 좋다.
(첫 번째 레이어 선택 ➡ 불투명도를 30~40%로 조절)

불투명도 100%

불투명도 30%

제4장

사용하다.

13.

 멘티미터,

패들렛

×

누구나,

어디서나, 쉽다.

1. '멘티미터', '패들렛'이란?

멘티미터와 패들렛은 교육현장에서 가장 많이 사용되는 에듀테크 중 하나이다. 멘티미터와 패들렛 자체만으로 한 차시의 수업을 전개하는 것보다는 수업 과정 중간중간 필요에 따라 선택적으로 사용함으로써 훨씬 생동감있는 수업을 만들 수 있다.

1.1. '멘티미터'란?

멘티미터는 온라인에서 실시간으로 학생들의 답변을 받고 시각화하여 보여줄 수 있는 참여형 프레젠테이션 도구이다. 멘티미터는 워드 클라우드, 퀴즈, 투표 등 다양한 유형의 프레젠테이션 형식을 지원하고 있는데, 슬라이드 화면에는 학생들이 응답한 내용이 실시간으로 업데이트된다.

교사는 멘티미터를 활용해서 교사와 학생, 학생과 학생간 상호작용을 촉진할 수 있다. 수업 전개 상황에 따라 퀴즈, 브레인스토밍, 투표, 게임 등을 유연하게 사용하면 수업에 활기를 불어넣을 수 있다.

1.1.1. Multiple Choice : 여러 개의 항목 중 하나를 선택하는 유형으로, 질문에 대한 응답을 그래프 형태로 보여준다.

1.1.2. 워드 클라우드 : 단어의 빈도를 글자의 크기로 나타낸 것으로, 시각화된 슬라이드를 통해 학생들이 응답한 내용을 확인할 수 있고 많이

언급된 단어들을 직관적으로 파악할 수 있다.

1.1.3. Open Ended : 개방형 질문을 사용하여 학생들이 자유롭게 답변을 입력할
수 있다.

1.1.4. Scales : 제시된 질문에 얼마나 동의하는지와 같은 척도 점수로 표시해 준다.

1.1.5. Ranking : 제시된 항목을 우선 순위에 따라 투표하면 응답 순위대로 정렬해
준다.

1.1.6. Q&A : 학생 스스로 질문을 올릴 수 있고, 게시된 질문을 평가할 수도 있다.

1.2. '패들렛'이란?

패들렛은 온라인에서 사용자들이 게시물의 형태로 실시간 의사소통을 할 수 있는 프로
그램이다. 패들렛은 '온라인상의 전지'라 부를만큼 사용자가 자신의 의견을 다양한 방법으
로 게시할 수 있다. 한 화면에 많은 사람들이 포스트잇을 붙여 놓는 것과 같은 작업이 가능
하며, 텍스트 뿐만 아니라 여러 형태의 파일(문서, 이미지, 오디오, 동영상 등)과 링크를 첨부할 수
있다. 또한 많은 사람들이 동시에 사용할 수 있기 때문에 수업 시간에 할 수 있는 대부분의
활동에서 패들렛 활용이 가능하다.

1.2.1. 담벼락 : 벽돌 형식의 레이아웃으로 메모지를 마음대로 붙일 수 있다.

1.2.2. 캔버스 : 벽면에 붙인 메모지를 마음대로 위치시킬 수 있다. 메모지끼리 서로
화살표로 연결하여 연결성이나 관련성을 표시할 수도 있다.

1.2.3. 셸프 : 주제를 지정하여 섹션을 추가할 수 있고, 주제에 맞는 게시물을 모아
볼 수 있다. 셸프를 이용해 모둠별 학습도 가능하다.

1.2.4. 스트림 : 한 줄의 순서대로 메모지가 나열된다. 따라서 시간상의 순서를 보기
좋다.

1.2.5. 그리드 : 담벼락과 비슷하지만 줄지어 배치한다는 점이 다르다.

1.2.6. 타임라인 : 역사적 사건의 전개 과정 등 시간별 혹은 시대별 흐름을 보여줄
때 유용하다.

1.2.7. 지도 : 여러 종류의 지도 스타일을 활용하여 위치, 지형 등을 확인하고, 지도
상에서 다양한 작업을 수행할 수 있어서 역사수업에서 활용도가 높다.

2. 멘티미터·패들렛으로 수업하기

2.1. 멘티미터

'수업 중 학생들의 반응을 확인하고 싶다', '학생과 활발하게 상호작용하고 싶다'라고 생각한다면 멘티미터 활용이 해답이 될 수 있다. 멘티미터로 학생들의 응답을 쉽고 빠르게 모을수 있고, 응답의 경향성은 워드클라우드나 그래프, 차트 등의 형태로 시각적으로 즉시 확인할 수 있기 때문이다.

멘티미터는 의견 수렴, 퀴즈(주관식 또는 선다형), 평정 척도를 통한 성취수준 점검 등 폭넓은 영역에서 활용할 수 있다. 또 도입 단계에서 학생들의 배경 지식 점검, 학습 진행 단계에서 이해 수준 확인, 마무리 단계에서 수업에 대한 소감 등 수업의 전 과정에서 적절하게 사용할 수 있다.

워드 클라우드   Ranking

Spin the Wheel   Open ended

2.2. 패들렛

학생들의 다양한 의견을 수합하고 토의를 진행하며, 포트폴리오 제작이 가능하다. 이 과정에서 학생들은 피드백('좋아요', '댓글' 등) 기능을 이용해 상호 활발하게 의사소통할 수 있다. 수업 활동 결과물도 패들렛을 통해 바로 공유할 수 있다. 공유된 결과물은 학생 발표 활동이나 의견 교환의 후속 활동으로 진행할 수 있고, 교사는 순회하지 않고도 개인별·모둠별 피드백을 제공할 수 있다. 수업 활동의 결과 자료를 간편하게 취합하고 체계적으로 관리할 수 있어 과정 중심 평가에서도 유용하게 활용할 수 있다.

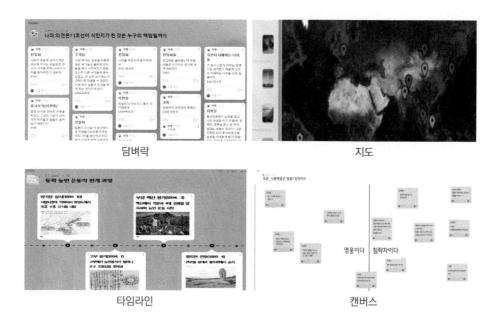

담벼락   지도

타임라인   캔버스

3. 멘티미터·패들렛 더+ 잘 쓰기

● 멘티미터의 워드 클라우드는 학생이 대답을 단답형으로 입력하도록 하고, 학생들의 모든 응답을 화면으로 보여주면서 이야기를 전개해 나갈 수 있다. 수업 뿐 아니라 학기 초에 역사수업시 지켜야 할 규칙과 같은 응답을 받고 이를 출력한 후 교실 게시판에 부착하여 사용하는 것도 좋다. 학생들의 동의와 협력으로 만들어진 규칙은 수업시간 내내 큰 영향력을 발휘하게 된다.

● 무료 계정의 멘티미터는 한 프레젠테이션 당 슬라이드 2개로 사용이 제한되어 있다. 추가의 질문을 사용하기 위해서는 'New slide'를 클릭하여 새로운 슬라이드를 생성해 사용해야 한다.

● 멘티미터에 접속하여 활동한 내용은 실시간 저장되며, 활동 종료 후 파일로 다운로드할

수 있어서 유용하다.

● 패들렛의 담벼락을 활용할 때, 포스트잇 형태로 올려진 게시물이 많을 경우에는 스마트폰 화면으로 보기에 불편하다. 수업 용도로는 PC 활용을 권장한다.

● 패들렛을 활용하여 학생 발표 중심의 활동을 할 때는 우측 메뉴의 '슬라이드쇼' 기능을 사용하면 좋다. 각 성과물을 전체 화면에서 프레젠테이션 형태로 하나씩 보면서 공유하거나 발표할 수 있다.

● 교사는 회원 가입 후 로그인을 해야 패들렛을 사용할 수 있지만 학생들은 로그인없이 간편하게 접속하여 사용할 수 있다. 또 패들렛에서 '저작자 표시'를 활성화하면 게시물에 작성자가 표시된다. 이 경우 로그인 후 게시한 사람은 그 계정이 표시되지만, 로그인하지 않고 접속한 사람은 '익명'으로 표시된다.

4. 멘티미터·패들렛 쉽게 사용하기

〈멘티미터의 워드 클라우드 사용하기〉

① 웹브라우저의 검색창에서 멘티미터(www.mentimeter.com)를 검색하여 사이트에 접속한 후, '가입하기(Sign up)'를 클릭한다. 구글 계정으로 간편하게 가입할 수 있다.

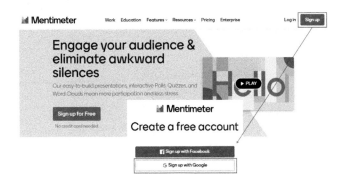

② 로그인 후 멘티미터의 첫 화면이다. 학생들이 참여할 수 있는 대화형의 프레젠테이션을 만들기 위해 'New presentation'을 클릭한다.

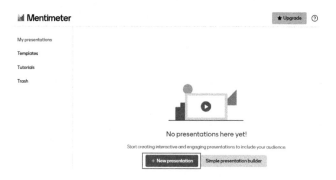

③ 새로운 프레젠테이션을 시작하면, 질문의 타입을 선택할 수 있는 화면이 나타난다. 학생들의 답변을 직관적으로 파악할 수 있는 'Word Cloud'를 클릭한다.

④ 그림과 같이 질문 내용, 질문에 대해 학생 1명이 답변할 수 있는 답변 개수 등을 입력한다.

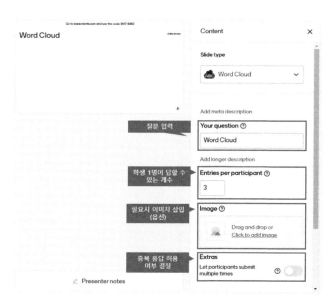

⑤ 'Share'를 클릭하여 학생들이 참여할 수 있도록 접속 링크 또는 QR 코드를 공유한다.

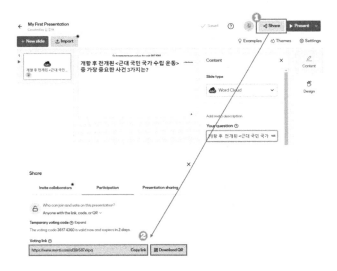

⑥ [참고] 학생 화면

- 학생들은 공유된 링크 또는 QR 코드를 스캔하여 로그인없이 간편하게 접속할 수 있으며, 그림
  과 같이 교사가 설정한 조건에 따라 의견을 입력할 수 있다.

〈패들렛의 담벼락 사용하기〉

① 패들렛에 접속하여 '로그인'을 클릭한다. 구글 계정으로 가입이 가능하며, 그림과 같이 유료와 무료의 3가지 유형을 선택할 수 있다. 무료 계정인 'Neon'을 클릭한다. 학생들은 주소만 있으면 로그인없이 쉽게 접속하여 사용할 수 있다.

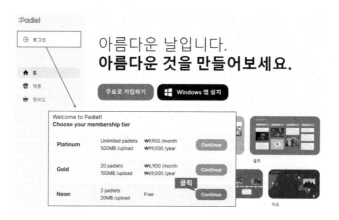

> **참고**
> 무료 계정은 3개의 패들렛을 만들 수 있고, 20MB까지 파일 업로드가 가능하다.

② 화면 우측 상단의 'Padlet 만들기'를 클릭한다. 다양한 레이아웃의 패들렛을 만들 수 있는데, 여기서는 기본적인 '담벼락'을 선택한다. 교사는 수업 내용에 적합한 레이아웃을 선택할 수 있으며, 선택한 레이아웃은 나중에 변경하는 것도 가능하다.

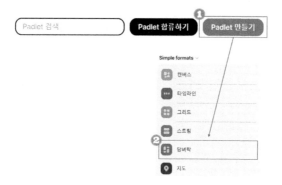

③ '설정' 메뉴에서 제목을 입력하고 바탕화면과 색상, 글꼴 등을 수정할 수 있다. '설명'은 옵션 사항으로 입력하지 않아도 된다.

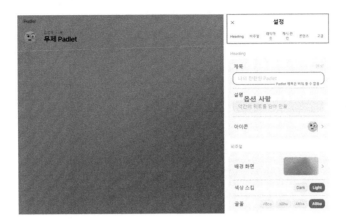

> ## ⚠️ 참고
> ### '설정' 메뉴 더 알아보기
>
> - ◆ 저자와 타임스탬프 : 활성화하면 누가 쓴 게시물인지 알 수 있다. 단 로그인을 하지 않고 접속한 학생은 '익명'이라고 표시된다.
> - ◆ 댓글 : 활성화하면 친구들의 글에 댓글을 추가할 수 있다.
> - ◆ 반응 : 친구들의 게시물에 좋아요, 투표, 별점, 등급 등으로 반응하는 방법을 선택할 수 있다.
> - ◆ 새 게시물 위치 : 여러 글이 게시될 때, 새로운 게시물을 어디에 배치할 것인지 결정할 수 있다.
> - ◆ 승인 필요 : 활성화하면 교사의 승인이 있어야 글을 게시할 수 있게 된다.
> - ◆ 비속어 필터링 : 활성화하면 비속어는 이모티콘으로 자동 대체되어 게시된다.

④ 이제 '담벼락'이 생성되었다. 변경이 필요한 경우에는 우측 메뉴의 톱니바퀴 모양을 클릭하여 수정할 수 있다.

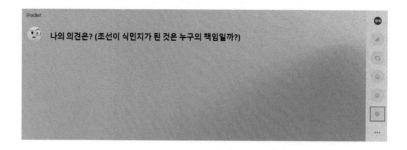

⑤ 학생들이 참여할 수 있도록 공유한다. 우측 메뉴의 '공유하기'를 클릭하여 학생들이 접속할 수 있는 링크 혹은 QR 코드를 생성한다.

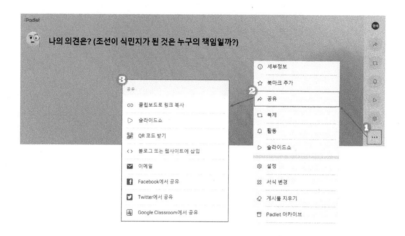

❗ 참고

공유시 '프라이버시 변경' 메뉴 설정

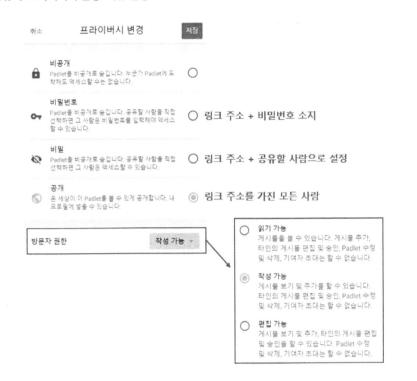

14.

 Puzzel.org

✕

퀴즈,
사고를 부르다.

1. '퍼즐(Puzzel.org)'이란?

　Puzzel.org는 온라인 환경에서 쉽고 간편하게 퍼즐을 제작하여 사용할 수 있는 대화형 퍼즐 메이커이다. Puzzel.org는 '단어 찾기'나 '직소'부터 학생들이 자기주도적으로 정보를 탐색하면서 퀴즈를 해결할 수 있는 '보물 찾기'에 이르기까지 23종류의 퍼즐을 제공하고 있다. 따라서 교사는 학습 목적과 내용에 적합한 퍼즐을 만들어 여러 학습 장면에서 활용할 수 있다.

〈퍼즐 종류〉

십자말 퀴즈, 낱말 찾기, 직소 퍼즐, 메모리 게임, 빙고 게임, 문장 논리 게임, 행운의 돌림판,
퀴즈, 짝 맞추기, 카테고리 만들기, 빈칸 채우기, 아크로스틱, 슬라이딩 퍼즐, 보물 찾기,
순서 정렬, 라벨 붙이기, 단어 스크램블, 암호 퍼즐, 콰르텟, 타이핑 연습, 수학 연산 퍼즐

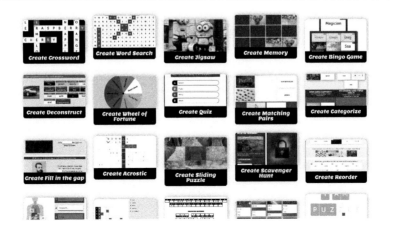

2. 퍼즐(Puzzel.org)로 수업하기

수업 주제와 운영 상황에 따라 적합한 퍼즐을 선택하여 활용할 수 있다. 수업의 도입 단계에서 학생들의 동기를 유발하거나, 학습한 내용을 확인하고 정리하는 도구로 사용할 수 있다. 또 각 퍼즐의 특징에 따라 수업의 전개 과정에서도 적절하게 활용할 수 있다. 여기에서는 역사수업에 적합하면서 사용법에 대한 설명이 필요한 5가지의 퍼즐을 소개한다.

2.1. 직소(Jigsaw) 퍼즐

교사는 학습 내용이 담긴 이미지를 여러 개의 퍼즐 조각으로 만들어 제공하고, 학생은 조각을 맞추면서 그림을 완성하는 퍼즐이다. 제작 단계에서 조각의 수를 조절할 수 있어서 학생의 수준이나 학습 내용에 따라 난이도를 조정할 수 있다.

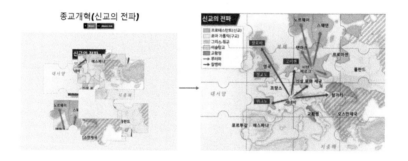

2.2. 순서 정렬(Reorder) 퍼즐

단어 카드나 이미지 카드를 순서에 맞게 배열하는 퍼즐이다. 순서를 기반으로 한 퍼즐이기에 사건의 전개 과정과 같은 학습에 사용하면 좋다. 학습 내용이 담긴 카드는 퍼즐 시작과 함께 무작위로 섞이게 되는데, 학생은 이 카드를 순서에 맞게 배열해야 한다.

개항과 문호개방

2.3. 메모리(Memory) 퍼즐

'이미지-정답'을 한 개의 쌍으로 하여, 뒤집어져 있는 카드를 한 장씩 확인하면서 일치하는 카드 쌍을 찾는 퍼즐이다. 학생은 2장의 카드를 뒤집어서 내용을 확인할 수 있는데, 올바른 쌍을 찾지 못하면 카드가 다시 뒤집어진다. 따라서 학생은 카드의 내용을 기억하면서 올바른 카드 쌍을 찾아 완성해야 한다.

2.4. 라벨(Label) 퍼즐

학습하고자 하는 이미지의 각 위치에 라벨을 붙이고, 퀴즈를 제시하는 형태의 퍼즐이다. 학생은 이미지에 부착된 각 라벨에 교사가 제시한 과제의 정답을 입력해야 한다. 역사수업에서는 지도가 많이 사용되기에 유용하게 활용할 수 있다.

2.5. 보물 찾기(Scavenger Hunt) 퍼즐

교사는 학생에게 퀴즈를 제시하면서 정답을 찾을 수 있는 외부 링크를 제공한다. 학생들은 퀴즈에 접속한 후, 각 퀴즈에 첨부되어 있는 외부 링크(웹페이지, 이미지, 동영상 등)를 통해 학습 내용을 자기주도적으로 탐색하면서 문제를 해결하게 된다.

3. 퍼즐(Puzzel.org) 더⁺ 활용하기

- 교실 현장에서 퀴즈를 활용할 경우 일반적으로 카훗(Kahoot)이나 띵커벨(ThinkerBell)을 많이 사용한다. 여기서는 많이 알려지지 않았으면서도 보다 다양한 형태의 퀴즈를 제공하고 있는 프로그램을 소개하였다.

- 교사는 Puzzel.org를 활용하여 수업 중 실시간으로 퍼즐을 만들어 사용할 수 있고, 그 결과를 바로 확인할 수 있다.

- 동일한 유형의 질문-답변 구조를 가진 퍼즐은 '복사' 기능을 활용하면 보다 간편하게 제작할 수 있다.

- 제작한 퍼즐은 '편집' 메뉴를 클릭하여 언제든지 쉽게 수정할 수 있다.

- Puzzel.org의 무료 계정에서는 2개까지의 퍼즐을 만들어 사용할 수 있다. 추가의 퍼즐

제작을 위해서는 기존에 제작한 퍼즐을 삭제한 후 새로운 퍼즐을 생성하여 사용해야 한다.
(퍼즐 삭제는 'Publish' 메뉴에서 하단의 'Delete'를 클릭, 유료 계정은 교사의 경우 1년에 30달러로 책정되어 있음)

• 21종류의 퍼즐 중 십자말 퀴즈와 낱말 찾기는 한글을 지원하지 않는다. 한글로 문제 입력은 가능하지만 풀이 과정에서 한글이 자모가 분리되어 입력되는 등의 문제로 한글 사용은 어렵다.

4. 퍼즐(Puzzel.org) 쉽게 사용하기

▶ 사이트 접속 및 계정 생성

　① [사이트 접속] 검색창에서 puzzel.org(https://puzzel.org)를 검색하여 사이트에 접속한다. 회원 가입을 위하여 'account'를 클릭한다.

② [계정 생성] 이름과 이메일 주소를 입력하고 이용 약관(Terms and Conditions)에 동의한 후 'Create'를 클릭한다.

▶ 직소(Jigsaw) 퍼즐 만들기

① 상단의 메뉴 중 'dashboard'를 클릭한 후, 퍼즐의 종류 중 'Jigsaw'를 선택하고 'Start'를 클릭한다.

② 직소 퍼즐에 사용할 이미지를 삽입하기 위하여 'Choose image'를 클릭한 후, 팝업창에서 이미지를 업로드하고 'Done'을 클릭한다.

③ 상단의 'Settings'를 클릭하여 퍼즐명과 퍼즐 조각의 수를 설정한다. 퍼즐 조각은 기본 16조각(4×4)으로 설정되어 있으나 변경이 가능하다.

〈예시〉

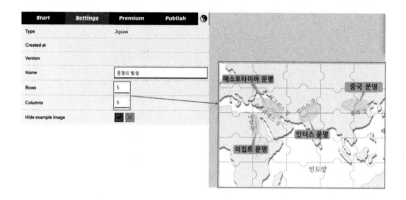

④ 학생들에게 공유하기 위해 'Publish'를 클릭한다. 공유하기 전에 를 클릭하여 작동이 잘 되는
지 테스트해 볼 수 있다. 'Share link'를 클릭하여 링크를 복사하거나 구글 클래스룸 등을 통해서
도 공유할 수 있다.

▶ 순서 정렬(Reorder) 퍼즐 만들기

① 상단의 'dashboard'를 클릭한 후, 퍼즐의 종류 중 'Reorder'를 선택하고 'Start'를 클릭한다.

② 퀴즈로 삽입할 카드에는 텍스트와 이미지, 오디오 파일을 삽입할 수 있다. 'Add card'를 클릭하여 재배열하고자 하는 개수만큼 카드를 생성한다.

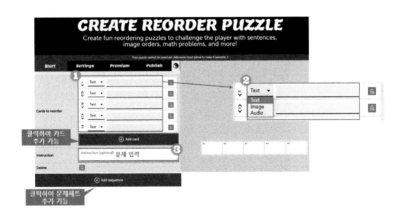

〈예시〉 이미지를 삽입한 상태

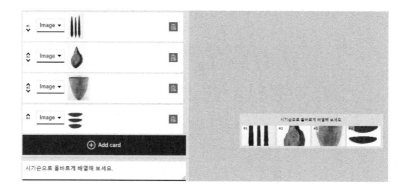

③ 'Settings'를 클릭하여 퍼즐명을 입력한 후, 'Publish'를 클릭하여 학생들에게 공유한다.

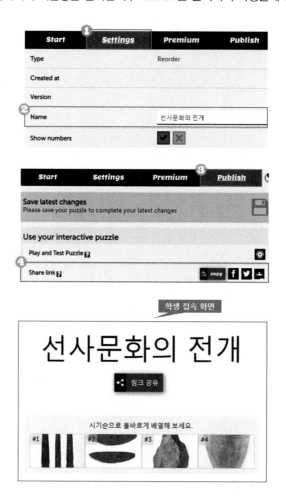

▶ 기억하기(Memory) 퍼즐 만들기

① 'dashboard'를 클릭한 후, 퍼즐의 종류 중 'Memory'를 선택하고 'Start'를 클릭한다.

② 퀴즈로 삽입할 카드에는 텍스트와 이미지, 오디오 파일을 삽입할 수 있다.

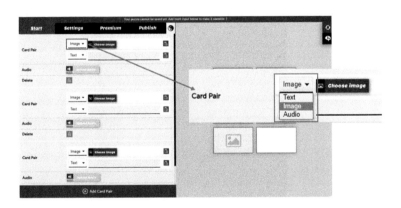

③ '텍스트·이미지·오디오 파일' 중 한 가지를 선택하여 삽입한 후, 이 카드와 짝이 되는 카드의 텍스트를 입력한다. 아래 그림은 페르시아 제국의 이미지를 삽입한 후 이와 짝이 되는 카드에 '페르시아 제국'이라고 텍스트를 입력한 것이다. 이와 같은 방식으로 만들고자 하는 개수만큼 카드를 생성한다.

④ 이제 상단의 'Settings'를 클릭하여 퍼즐명을 입력하고, 카드를 뒤집었을 때 어느 정도의 시간 후에 원래대로 되돌아갈 것인지 시간을 설정한다.

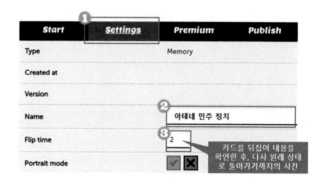

⑤ 완성이 되었으면 'Publish'를 클릭하여 학생들에게 공유한다.

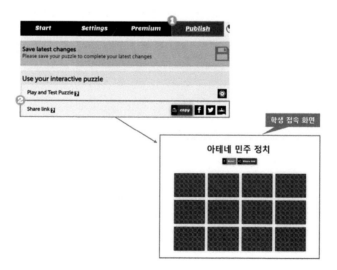

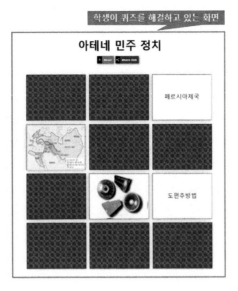

학생이 퀴즈를 해결하고 있는 화면

아테네 민주 정치

페르시아제국

도편추방법

▶ 라벨(Label) 퍼즐 만들기

① 상단의 'dashboard'를 클릭한 후, 퍼즐의 종류 중 'Label This'를 선택하고 'Start'를 클릭한다.

② 라벨을 부착할 이미지를 삽입하기 위하여 'Choose image'를 클릭한 후, 팝업창에서 이미지를 업로드하고 'Done'을 클릭한다.

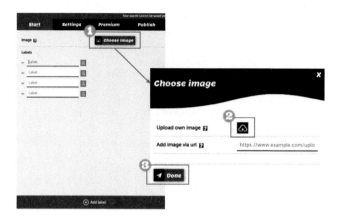

③ 첫 번째 라벨의 내용을 입력한다. 다음 'Add label'을 클릭하여 삽입하고자 하는 개수만큼 라벨을 생성한다.

> **❗참고**
> 첫 번째 라벨은 반드시 영문으로 입력해야 우측 이미지에 라벨이 생성된다. 두 글자 이상의 알파벳을 입력하여 라벨을 생성한 후 한글로 변경하면 된다.

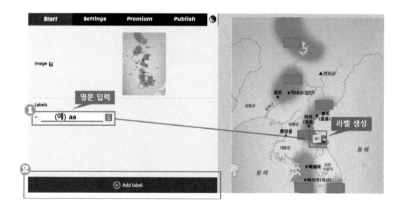

④ 생성된 라벨은 우측 이미지의 동일한 위치에 생성된다. 따라서 생성된 라벨은 마우스 드래그를 통해 원하는 위치로 옮겨주어야 한다.

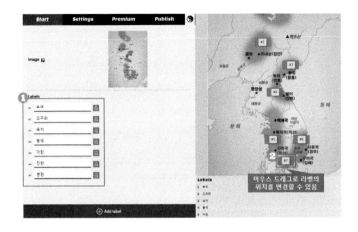

⑤ 상단의 'Settings'를 클릭하여 퍼즐명을 입력하고, 'Publish'를 클릭하여 학생들에게 공유한다.

▶ 보물 찾기(Scavenger Hunt) 퍼즐 만들기

① 상단의 'dashboard'를 클릭한 후, 퍼즐의 종류 중 'Scavenger Hunt'를 선택하고 'Start'를 클릭한다.

② 퀴즈 제목과 내용, 정답을 찾을 수 있는 외부 링크 등을 입력하면 〈예시 화면〉과 같이 카드가 생성된다.

〈예시 화면〉

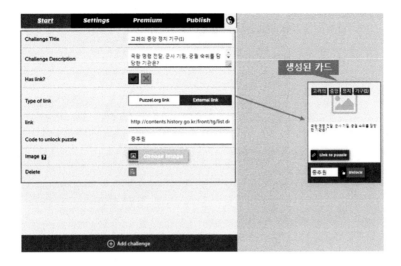

③ 'Add challenge'를 클릭하여 만들고자 하는 개수만큼 카드를 생성한다.

〈예시 화면〉

④ 마지막으로 상단의 'Settings'를 클릭하여 퍼즐명을 입력하고, 'Publish'를 클릭하여 학생들에게
공유한다.

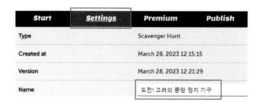

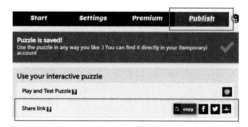

⑤ 학생은 'Link to puzzel'을 클릭하여 정답을 찾을 수 있는 외부 링크로 연결할 수 있다. 스스로 정보를 탐색하여 문제를 해결하여야 하는데, 정답을 입력하면 해당 단계의 자물쇠가 열리면서 다음 단계로 넘어갈 수 있다.

〈학생 화면〉

도전! 고려의 중앙 정치 기구

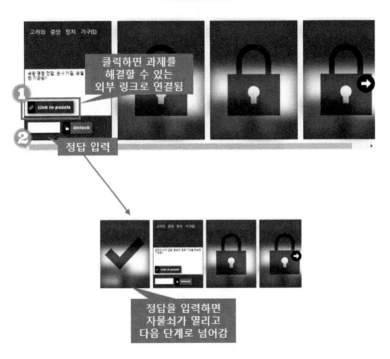

15.

 구글 Forms

✕

역사를
묻고 답하다.

1. '구글 Forms'이란?

구글 폼에서 제공하는 구글 설문은 기본적으로 의견을 수렴하는 설문 조사에 사용되는 도구다. 그러나 구글 설문의 퀴즈 기능을 이용하면 역사 수업에서 다양한 유형의 퀴즈나 평가 문항을 제작하여 활용할 수 있다. 또 응답 분석 기능을 이용하여 평가 결과를 실시간으로 확인할 수 있고 통계 자료를 바탕으로 피드백도 용이하다.

이 밖에도 학부모, 학생, 교직원 대상의 각종 의견 조사나 서류 신청을 받을 수도 있어 학교 현장의 다양한 업무 영역에서 구글 설문의 유용성은 매우 크다.

방과후 강좌 신청 접수	[학생] 1학년 선택과목 수요조사

[학부모] 학교민주주의 지수 진단 설문조사

1. 우리 학교의 교육 목표나 규칙은 학생을 존중한다고 생각한다.

1	2	3	4	5
○	○	○	○	○

학급 단체 티셔츠 신청
이름과 사이즈를 입력하세요.

이름 *

내 답변

사이즈 *

○ S
○ M
○ L
○ XL

2. 구글 설문으로 수업하기

구글 설문은 학생 평가의 용도 뿐만 아니라 구성원의 의견을 청취하거나, 수행 과제물을 제출받는 등 교사가 교수·학습과 업무를 효율적으로 관리할 수 있는 도구이다.

(1) 형성평가 및 단원평가

평가 문항 제작이 편리하고 평가 결과를 즉시 확인할 수 있다. 즉 교사의 채점이 필요하지 않고 평가 결과는 리포트 형태로 분석되어 저장된다. 따라서 교사는 시험 문항에 대한 반응도를 분석하고, 전체 학생 또는 개별 학생에 대한 이해 수준을 점검하고 피드백할 수 있다.

(2) 자기평가 및 동료평가

수업 활동에 대한 자기·동료 평가를 실시하여 ① 수업을 성찰하도록 하거나, ② 교사 자신이 수업에 대한 피드백으로 활용할 수도 있고, ③ 과정 중심 평가로도 활용할 수 있다. 학생의 평가 참여가 간편하고 교사도 평가 결과(채점, 점수 통계 등)를 별도로 정리할 필요가 없어서 매우 편리하다.

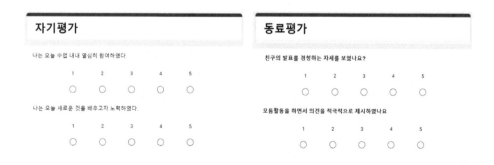

(3) 의견 청취(설문조사)

교수·학습과 관련하여 다양한 의견을 청취하는 도구로 사용할 수 있다.

(4) 과제 제출

학생들은 활동 결과물이나 수행 과제를 구글 설문으로 제출할 수 있다. 교사는 과제를 수합하는 시간과 노력을 절약할 수 있으며, 학생들의 과제를 체계적으로 관리할 수 있게 된다.

3. 구글 설문 더⁺ 잘 쓰기

● 구글 설문을 만들기 위해 교사는 구글 계정이 필요하지만 학생들은 별도의 계정이 없어도 응답이 가능하다. 단, 구글 설문을 평가의 목적으로 활용하는 경우에는 학번, 이름과 같은 학생의 인적사항을 입력할 수 있는 질문 문항을 만들어 사용해야 한다.

● 교사는 구글 설문을 통한 평가 문항 제작시, '문항 복사' 기능 및 다른 파일 문항 '가져오기' 기능을 통해 문항을 보다 손쉽게 제작할 수 있다.

● 문항 제작 시 각 문항 하단의 '필수' 항목을 활성화하는 것이 좋다. '필수' 설정을 하면 학생은 반드시 해당 문항에 응답을 해야 다음 문항으로 넘어갈 수 있게 된다.

● 문항 제작이 완료된 후 '설정' 메뉴에서 다시 한 번 점검하는 것이 좋다.
  – 설문 응답을 위한 로그인을 의무로 할 것인지?
  – 중복 응답을 방지해야 하는 경우가 있다면 '응답 횟수 1회로 제한' 설정
  – 시험 문제로 활용할 경우, 답안 제출 후 수정을 하지 못하도록 '제출 후 수정' 비활성화

● 학생들이 동시에 시험에 응시할 경우 '질문 순서 무작위로 섞기' 기능을 통해 부정행위를 방지할 수 있다. 이 기능을 활성화하면 각 학생들에게 문제의 순서가 무작위로 섞여 나타나게 된다.

> ※ 단, '질문 순서 무작위로 섞기'를 사용할 경우, 각 문항에 1번 문항, 2번 문항과 같은 형태로 문항의 번호를 입력해선 안된다. 문제가 랜덤으로 섞여서 생성되기 때문에 학생들이 혼란스럽지 않도록 질문만 입력한다.

● 학생들에게 공유하기 전에 '미리 보기' 기능을 활용하여 학생들이 보게 될 화면으로 최종 점검하면 예기치 못한 실수를 예방할 수 있다.

4. 구글 설문 쉽게 사용하기

▶ 구글 설문으로 평가 문항을 제작하여 시행하고, 결과를 확인하는 과정을 소개한다.

　① [로그인] 구글 홈페이지에서 로그인한 후 우측 상단의 '구글 앱' 메뉴를 클릭한다.

　② [구글 설문 접속] '드라이브'에서 '새로 만들기'를 클릭하면 '구글 설문지' 항목이 나타난다.

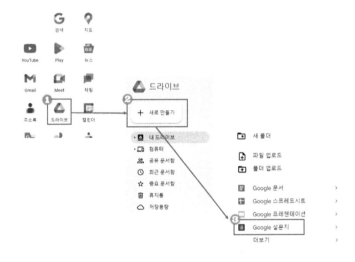

　③ [제작 실행] 구글 설문을 실행한 첫 화면에서 좌측 상단의 '설문지 홈' 메뉴를 클릭한다.

④ [양식 선택] '템플릿 갤러리'에서 '교육'을 선택한 후 '퀴즈'를 클릭하여 제작할 설문지 양식을 생성한다.

※ 위와 같은 절차가 번거롭다면 일반 설문지 양식을 실행한 후 '설정' 메뉴에서 '퀴즈로 만들기'를 활성화해도 된다.

❗참고
구글 설문은 여러 업무 영역의 템플릿을 제공하고 있어, 평가문항 제작 외에도 학교 업무 내용에 따라 기존 템플릿을 다양하게 사용할 수 있다.

⑤ [객관식 문항 제작] 각 항목에 필요한 사항을 입력하면서 문항을 완성한다.

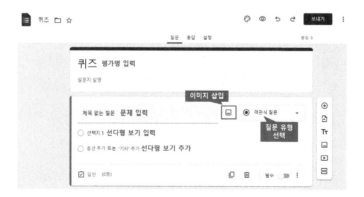

〈입력된 문항 예시〉

⑥ [주관식 문항 제작] '질문 유형' 메뉴를 클릭하여 '단답형' 또는 '장문형'으로 바꾸어준다. '단답형'
은 정답이 간단한 단어일 경우에, '장문형'은 서술형(논술형) 문항일 경우 선택한다.

참고

일반 설문 템플릿과 달리 '퀴즈' 템플릿를 선택했을 경우에는 하단에 '답안'이라는 메뉴가 추가되어 있다. '답안' 메뉴를 클릭하여 정답과 배점을 입력한다.

※ '답변 관련 의견 추가' 메뉴를 통해 학생이 오답을 체크하였을 때 보충 설명이 나타나도록 설정할 수 있다.

⑦ [섹션 나누기] 평가 결과를 파악하고 관리하기 위해서는 학생의 인적사항이 필요하다. 이 때 인적사항 부분은 평가 문항과 구분되도록 별도의 '섹션'으로 구성하면 시인성이 보다 좋아진다. '섹션 구분' 메뉴에서 '+' 버튼을 클릭하여 학번과 이름을 입력할 수 있는 단답형 문항을 만들어준다.

<학생 접속 화면>

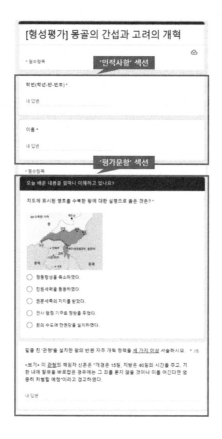

⑧ [문항 공유] '보내기'를 클릭하여 전송할 링크를 생성한다. 이 때 'URL 단축'을 체크하면 보다 짧
은 주소를 생성할 수 있다.

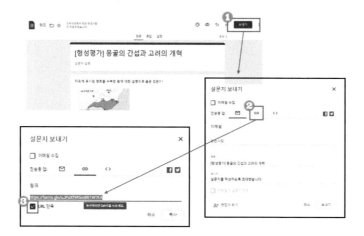

⑨ [결과 확인하기] '응답' 메뉴를 클릭하면 평가 결과를 확인할 수 있으며 요약/질문/개별 보기의
세 가지 방식이 제공된다.

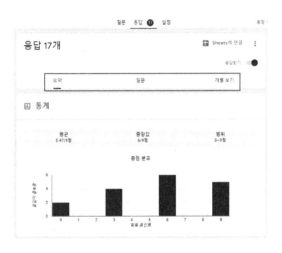

※ '개별 보기'를 통해서 학생 개인별로 성취 수준을 세부적으로 확인하고 피드백할 수 있다.

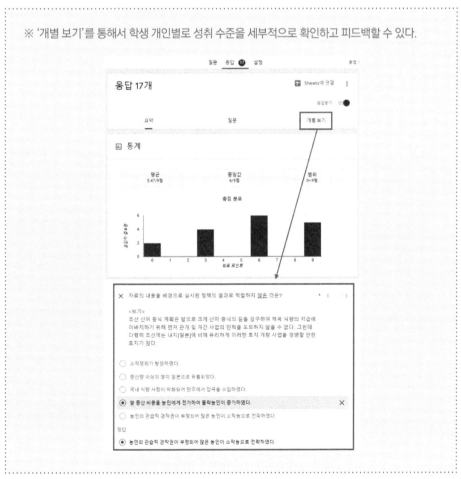

⑩ [평가 결과 관리] 평가 결과의 관리 및 세부적인 통계 처리는 '구글 스프레드시트'를 통해 수행할수 있다.

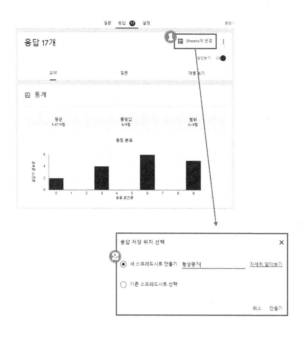

〈예시〉 평가 결과가 저장된 구글 스프레드시트 화면

찾아보기

저자 후기 ────────────────────

제가 대학에 입학했을 때는 휴대폰(스마트폰 아님)이 없었습니다. 전화를 걸려면 10원 동전 세 개로 공중전화를 써야 했고, 수업이 다른 학과 동기들을 만나기 위해서는 학교 후문에 매일 갈 아 붙여지는 커다란 백색 전지에 '누구야 몇 시에 어디로 와라'라고 써서 만나야 했습니다. 인 터넷도 없었고(월드 와이드 웹(www)이 발명은 되었지만) 학교에 '컴퓨터실'이란 것도 없던 시절이었 습니다.

특별한 것 없었던 학창시절을 보내고, 이제는 아침에 분주히 준비해서 출근하여 학생들과 만나고 퇴근 후 가족과 함께 시간을 보내는 평범한 일상의 나날을 보내다 문득 고개를 들어보 니 어느덧 예전과는 크게 달라진 환경 속에 놓여져 있는 자신을 발견하게 됩니다.

어제의 해는 오늘도 떠오르고 있고 내 주변은 익숙하게 그 자리에 놓여 있는 것 같지만, 오 늘의 나는 언젠가 역사책에 'ㅇㅇ시대'라고 지칭하게 될 커다란 변화가 빠르게 진행되고 있 는 격동의 시대를 살아가고 있음을 깨닫게 됩니다.

오늘의 일상을 보내고 나면 근미래에는 또다시 어떤 환경이 우리를 기다리고 있을까요?

마지막으로, 감사 인사를 드리고자 합니다.

원고의 출발부터 탈고에 이르기까지 같이 고민하고 점검하며 조언을 아끼지 않으신 김은진 선생님께, 그리고 기술적 측면에서 자문에 응해주신 김연희님께 고마운 마음을 전합니다. 아 울러 역사수업에서 에듀테크 활용을 같이 고민할 수 있는 장을 마련해 주신 내하출판사 모흥 숙 대표님과 편집·디자인에 정성을 담아주신 김루리님께도 감사의 말씀을 드립니다.

10분 완성! 에듀테크 활용 역사수업

발행일 ㅣ 2023년 8월 1일

저　자 ㅣ 김영배
발행인 ㅣ 모흥숙

발행처 ㅣ 내하출판사
주　소 ㅣ 서울 용산구 한강대로 104 라길 3
전　화 ㅣ (02)775-3241~5
팩　스 ㅣ (02)775-3246

E-mail ㅣ naeha@naeha.co.kr
Homepage ㅣ www.naeha.co.kr

ISBN ㅣ 978-89-5717-561-3(13370)
정가 ㅣ 20,000원